AF536792

manï

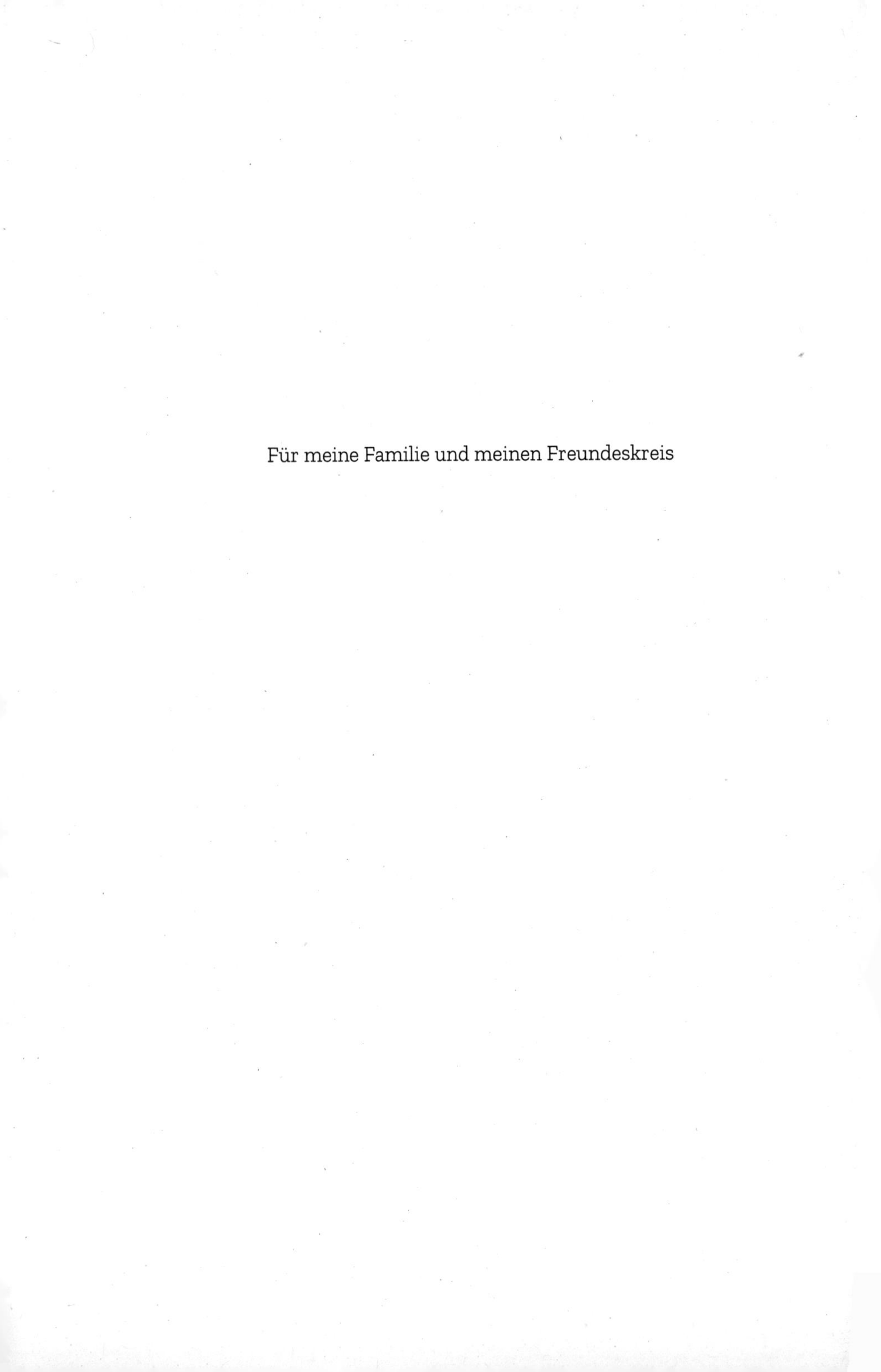

Für meine Familie und meinen Freundeskreis

Brigitte Rauh

Erdacht, erlauscht, erlebt – aus meinem Leben

1. Auflage 2024

Gerberstraße 18a – 87435 Kempten
www.maniverlag.eu

Titelgestaltung und Layout: Brigitte Weixler
www.weixler-schuerger.de

Fotos: Brigitte Rauh
Titelbild: Pexels/Liana Horodetska

ISBN: 978-3-9458960-5-1

Druck und Verarbeitung:
www.wir-machen-druck.de
Printed in Europe 2024

Die Deutsche Nationalbibliothek verzeichnet diese Publikation in der Deutschen Nationalbibliografie; detaillierte bibliografische Daten sind im Internet über https://dnb.dnb.de abrufbar.

Brigitte Rauh
geboren 1941, Landwirtschaftslehrerin und -beraterin, lange Jahre Bäuerin und Lehrfrau, verwitwet, drei Kinder und sechs Enkel.

»Ich habe immer schon gerne gelesen und geschrieben und genieße jetzt mit vielen Hobbys meinen ›Unruhestand‹ in meiner wunderschönen Allgäuer Heimat.«

Vorwort

Das »Literarische Frühstück« gibt es seit 2002 im Seniorenzentrum Durach. Wir 18 Aktive erfreuen unsere Gäste einmal monatlich mit literarischen Beiträgen zu einem vorgegebenen Thema (von Goethe bis selbst Erdachtem oder Erlebtem ... und auch der Dialekt kommt nicht zu kurz). Dazu wird begleitende Musik und vom Haus ein delikates Frühstücksbüffet angeboten. Weitere Besucher sind herzlich willkommen!

Einige Beiträge in diesem Buch sind außerhalb des »Literarischen Frühstücks« entstanden.

All meine Leser wünsch i sovui Spaß und Freid, wia i g'habt hob
in da Schreiber- und Sammelzeit!

Brigitte Rauh

Inhalt

Natur und Jahreszeiten

Von Mensch zu Mensch

Alltag und Besonderes

Lebenszeiten

Natur
und
Jahreszeiten

Natur pur

Wir wohnen in der Natur, eigentlich in der Natur pur. Die Stadt im Rücken, vor uns Wiesen, Wald, Bergsilhouette von der Zugspitze bis zum Grünten, je nach Standplatz Sicht auch in die Oberstdorfer Berge und darüber weißblauer Himmel mit aufgetürmten Wolken.

Im Frühjahr kontrastiert der Löwenzahnteppich mit dem zaghaft sprießenden Grün der Bäume und Sträucher und die hier überwinternden Vögel üben mit den Heimkehrern vielstimmige Morgenkonzerte. In den Vogelhäuschen und Freiluftnestern wird eifrig renoviert oder neu gebaut und schon bald strecken sich hungrig aufgerissene Schnäbel mit forderndem Gepiepse über den Nestrand. Der Luftraum bevölkert sich zusehends, zu unseren Dauergästen, den hunderten von Krähen aus der Stadt, gesellt sich eine Bussardfamilie, Habicht, Lerche und Kuckuck lassen sich hören, im Weiher und in den Lüften sind Schwäne und Wildenten unterwegs. Fischreiher und Kormoran schauen vorbei und bei nassen Wiesen suchen sich Störche ihr Frühstück. Einige Schwalbenpaare sind uns treu geblieben und auch die Elster inspiziert regelmäßig ihr Revier. Bei Einbruch der Dämmerung flitzen die Fledermäuse über unseren Köpfen dahin und der Igel begegnet uns bei seiner Futtersuche.

Inzwischen beschränken sich die Konzerte nicht mehr auf die Morgenstunden: Den ganzen Tag singt die Vogelschar aus voller Kehle und frischer Brust, jeder lässt hören, was er kann. Gegen Abend ertönt vom Weiher ein Froschkonzert in allen Tonlagen und die unermüdlichen Grillen zirpen dazu bis tief in die Nacht. Wunderbar! Wenn uns die nicht paradiesischen lautlosen Schnaken einige wenige ungestörte Stunden, eher Minuten, auf dem »Fillebänkle« vergönnen, kommen ab und zu auch Glühwürmchen vorbei.

An fliegendem Getier tummeln sich bei uns jede Menge Bienen aller Arten, Wespen und Hummeln an den Blüten und ich fühle mich bestätigt, die richtigen Pflanzen anzubieten. Wohl fühlen sich bei uns auch Ameisen und Spinnen, wobei ich diese als Verbündete im Kampf gegen Fliegen und lästige Insekten sehr schätze (Spinnen im Haus setze ich vorsichtig in Freiheit!).

In unserer Garten- und Feldgemeinschaft haben wir auch Umgang mit größeren Tieren. Seit einigen Jahren gibt es wieder Feldhasen in freier Wildbahn, der Rehbestand wurde leider ziemlich verringert im Interesse der Forstwirtschaft, trotzdem sind sie noch da und vor ein paar Tagen hat sich ein junger Rehbock ganz gemütlich am Abend vor der Terrasse sattgefressen. Im Hausbirnbaum hausen Eichhörnchen und im Herbst hat ein Fuchspaar bei uns im Stadel Quartier bezogen, worauf wir dann im Frühjahr vier quietschfidele Füchslein aus nächster Nähe beobachten konnten. Meine Hoffnung auf ein fleißiges Mäusefängergeschwader erfüllte sich leider nicht, denn auf einmal waren alle verschwunden.

Blühender Hausbirnbaum

Dafür kommen jetzt die Gastkatzen aus der Nachbarschaft wieder, die hier nach »täglich Brot mit Hand und Fuß« jagen können.

In unserem engeren Bereich wächst alles »naturbelassen«, am besten natürlich das Unkraut. Staunenswert, was sich zum Beispiel zwischen den Terrassenplatten in Windeseile immer wieder in die Höhe zu winden versucht!
Und dann das Leben im und auf dem Boden. So sehr ich mich über jeden Regenwurm freue, umso mehr sehe ich bei jeder roten oder braunen Wegschnecke rot! Jedes Tier hat seinen Sinn und Nutzen heißt es, aber manchmal denke ich, die hat der liebe Gott im Zorn erschaffen!
Wenn sich im Herbst die Natur nochmal ganz farbenprächtig schmückt und unsere sommerlich grünrauschende Birkenallee gold und purpurn schimmert, im Winter dann mit Schnee und Raureif in der Sonne glitzert, ist es für mich Natur pur, im wahrsten Sinn des Wortes. Und ich bin dankbar und glücklich, auf diesem Fleckchen Erde leben zu dürfen.

Literarisches Frühstück,
Juni 2016

Sommerfreuden auf Balkon und Terrasse

Heiß ersehnt ist jedes Jahr die Sommerzeit.
Groß und Klein freut sich: »Jetzt ist's soweit!
Wir können wieder draußen im Freien sitzen,
Momentan ist's ja noch nichts mit Schwitzen!«

Vom Baumarkt die neue Gartenmöbel-Garnitur
ist der ganze Stolz und Vergnügen pur:
Anlass für Hauptprobe zum ersten Gartenfest,
»Wenn's bloß Petrus heut nicht regnen lässt!«

Schnell ist auch die Brotzeit für die Familie parat:
Eine schöne bunte Platte, Bier, Brot, Wurstsalat.
»Wir könnten's auch mit Kebab und Döner –
Aber ehrlich – Grillen wär noch viel viel schöner!«

Tags darauf wird ein Super-Grill beschafft
Und auf die Terrasse gewuchtet mit viel Muskelkraft.
Für Grillneulinge jedenfalls: Lernen und versuchen –
Den großen Erfolg kann man nicht sofort verbuchen.

Viele laue Sommerabende schenken reichliche Lernstunden,
Die ersten Hemmungen sind längst überwunden.
Freunde lädt man ein zu: »Gemütlich und erlabend,
Ihr kommt doch alle – wir grillen wieder heut Abend!«

Der Sommer wird ungewöhnlich heiß und lang.
Vielen Nachbarn wird's mittags schon angst und bang.
Kein Duft mehr von Yasmin, Rosen und Sommerflieder –
Jeden Tag ist's das Gleiche: Die nebenan **grillen schon wieder!**

Sommerfreuden auf Balkon und Terrasse
(vom Liegestuhl aus)

So hab ich mir's von geplagten Freunden erzählen lassen.
Auch ohne solche Zustände kann ich nicht mehr auf meine Terrassen:
Meine lautlosen Schnakenlegionen verbannen mich hinter die Tür –
Ach, käm' doch mal jemand mit Qualm zum Grillen zu mir!

Inzwischen hab ich Nachbarn, junge, moderne,
An die frische Abendluft erinnere ich mich noch von ferne –
Da wird gegrillt vom frühen Abend bis ganz spät,
Mei, wenn bloß des Fett nicht gar so stinken tät!

Literarisches Frühstück,
Juni 2015

So überstehen Sie Hitzeperioden

Wie lautet doch der gute Rat
kürzlich da im Bauernblatt?

Brachte doch eine Krankenkasse
gute Tipps, gleich eine ganze Masse:
Was zu tun oder zu lassen an heißen Tagen,
um sie zu überstehen ohne zu klagen.
Dazu möchte ich die Herrn gern befragen
und hoffe, sie können Genaueres mir sagen!
Wie soll das gehen bei uns Bauern mit dem Heu?
Vorschläge dazu wären erwünscht, weil ganz neu!

»Je größer die Hitze, desto langsamer leben!«
(Wenn da oben aber so dunkle Wolken schweben!)
»Hetze, Aufregung und Ärger vermeiden,
weil sonst Blutdruck und Kreislauf leiden;
ausreichend schlafen, mehrere Pausen einlegen!«
(In der Praxis empfände ich das auch als Segen.)
»Das Essen auf mehrere Mahlzeiten verteilen!«
(Wie soll das gehen, wenn die Stunden so eilen?
Manchmal fiel schon das Mittagessen flach,
wenn Petrus ließ gießen vorzeitig aufs Dach!)
»Nur morgens schaffen, tagsüber ruh'n!«
(Zu gerne würde ich auch dieses tun!)

Der Ratschläge waren es noch viel –
sie zu befolgen wäre schon mein Ziel:
Ich tät' so gern von der Terrasse aus heuen,
unterm Sonnenschirm keine Arbeit scheuen,
wäre besorgt um richtige Speise und Trank!
Möcht's von Herzen genießen auf der schattigen Bank,
einführen erst bei Sonnenuntergang –
Vor so einer Ernte wär mir nicht mehr bang!
Heuernte – ab jetzt die schönste Zeit im Jahr!
Nicht zu glauben, ein Traum, einfach wunderbar!

Verfasst im Juni 1981,
Literarisches Frühstück,
Juni 2003

Die Beerenjagd

Mit Sonna, Wind und Reg'n wachst alles unverzagt,
Drum auf geht's, mach ma weiter mit der Beerenjagd!
Erdbeeren, Johannisbeeren, Josta, sind vorbei,
Ab jetzt geht's voll in d'Himbeern nei.

Ang'fangt hab i mit fünf Ruaten, mit ganz kleinen –
Heut ist's a richtiger Wald, will mir scheinen.
Alles was durch den Maschendraht 'nausgeht
Wird von de Reh' senkrecht abg'mäht.

Aus'm Unterland hob i's ins Allgäu versetzt
Und mir einfach denkt, des probier i halt jetzt!
De san g'wachsn, jeds Johr immer schöner und mehr,
Drum sog i alle, wer so Sträucher wui, i gib a oa her.

Heuer san d'Ruaten fast zwoa Meter lang,
Denk i ans Brocka, wird mir glei ganz bang.
Nach'm Starkrenga brauch' i mi nimma strecka,
Dann eigna sie sich bestens zum Bodendecka.

Mei Pflückmontur is net »laufsteggerecht« –
»Modisch aufbrezlt« gang's ma ehrlich recht schlecht!
Da Klimawandel hot uns neie Schnaken bracht:
Surren tun's nimmer, aba eana lautloses Stecha is a Pracht!

Mit wasserdichte Thermohosn, in'd Gummistiefe nei,
mehrschichtig langärmlig, des muaß leida sei,
Moralisch hochg'schlossn, s' Brockkübel umbunden,
So verbring i jetzt täglich oane bis zwoa Stunden!

Was guat is, wissen d'Schnecken lang scho,
Drum hänga's bis halb nauf an de Ruatn dro.
Und so brock i mit Ausdauer stehend und im Bücken –
Mit lauter Schwitzn wird's undeutlich vor den Blicken.

Kreizlahm und krumm schlepp i mei Beute ins Haus
Und sortier dann gewissenhaft meinen Jagderfolg aus:
Für Saft und Marmelad' – de ganz schena für'n Kuacha,
Da derft's mi, nach Voranmeldung, zum Kaffeetrinka bsuacha.

De allerschönsten komman ins Flascherl zum Korn,
In a paar Wocha is na mei »Himbeertraum« draus worn. –
Und so geht's weita bis zum ersten Frost oder Schnee.
Trotz aller Müah – mei Himbeergartn is halt doch schee!!

Mei Gärtnerjahr

I hab an Gartn hinterm Haus,
der lasst mi s' ganze Jahr net aus.
Im Frühjahr hamma baut an neia Zaun –
Jetz kenna d'Reh bloß wieda drüba schaun.

D' Familie is g'schrumpft um 60 Prozent,
des hoaßt, dass da G'miasteil aa abspecka kennt.
»Heia mach i's wirkle kleana«, sag i mit Blick in die Runde,
»Ja, ja«, lacht mei Sohn, »Muttis Märchenstunde!«

»Da Gartn wui ja täglich seinen Herrn sehen!«
I dien' eahm im Kniagin, vui mehr als im Stehen.
Is's ma beim Säen und Pflanzn guat nausganga,
na konn i mit'n Ausgrasn glei wieda vo vorn ofanga.

Ehrlich, mir macht mei Gartnarbat wirklich vui Freid
und auf gartenlose Spaziergänger hob i koan Neid.
I bin aa an da frischen Luft, hob Bewegung, bin kreativ,
Und auf d'Nacht trotz'm Kreizweh nicht aggressiv!

S' erschte Keimen im Frühjahr macht mir sovui Lust,
nach'm Schneckenb'suach in der Nacht packt mi dann da 1. Frust!
Ja, s' Paradies is's nimmer, des merkt ma glei:
Wuist selba was erntn, muaßt scho gscheit dahinter sei!

Schtreicha unter'm Vogelnetz und summender Mäuseschreck
Erfülln aba doch ganz g'hörig ihran Zweck.
Beim Johannisbeerbrocka geht's bei mir erholsam zua:
Mit Sonnenschirm, Radio, und im Sitzn genieß i des in Ruah.

Mein neues Hochbeet

Bloß guat, dass net ois auf oamoi kimmt,
sonst kannt's passiern, dass »Timing« nimmer stimmt:
Rhabarber, Erdbeern, Johannisbeern – a – kloane Pause?!
Na, na, jetz geht's erscht o mit da Himbeersause!

Im Septemba da Holder, de Zwetschgen san scho blau,
und immer wieda Himbeern – auf geht's, Gartenfrau!
Und dann erscht meine Kürbis, die gelben Riesen,
do kannst de glei fürchten, aba nacha deamas genießen!

Zum Glück san meine meisten Bluma pflegeleicht:
Mit große und kloane Stauden werd aa a Blütenpracht erreicht.
Bienen, Schmetterling und Hummeln ham's grad mehr wia streng:
Am End werd eahna no da Luftraum überm Gartn z'eng!

Obwoi i scho lang koa kloans Kind mehr bin,
geistert mir a Weideniglu scho seit Jahren durch'n Sinn!
Jetzt hob i mi nimmer umg'hört und umg'schaut
Und mir mit Vergnügen ganz alloa selber oans baut,
zusätzlich begrünt hob i's mit Efeu und Wicken,
s'is no net fertig und vollkommen, aba doch täglich mei Entzücken!
Wenn si dann s'Wetta wieder richtig richt mit Regen und Sonne –
I sag's euch, da is da Gartn für mi echt a Wonne!
Aber a ungetrübte Freid gibt's nirgends – mei, hob i mi aufgregt:
D'Reh ham mit eahnam Fegn mei schöns Iglu wieder zerlegt!!!

I hob's scho beobacht in vielen, vielen Gartenjahren
Und an mir selber aa oft hautnah erfahren:
Bist net guat drauf, quält di vielleicht a seelischer Schmerz,
suachst a Entscheidung, streitn wieda amoi Kopf und Herz,
dann gehst in dein Gartn, zupfst Unkraut oda grabst im Boden,
irgendwia kommst dann aa innerlich zum Grasn und Roden.
Es löst si net automatisch und glei auf der Stell –
Aba oft kommst zua Ruah und es werd a bisserl hell!
I woaß ganz g'wiß, dass i für mi auf dia Weis und Art
Scho bestimmt etliche Moi an Psychiater hob g'spart!!

Literarisches Frühstück,
Mai 2007,

Nachtrag

So hab is empfunden und aufg'schrieben genau vor acht Jahr,
Leider is des heit soo aa nimmer wirklich wahr!
D'Familie is g'schrumpft bis auf mi und i bin aa älter worn –
S'is ja logisch und doch kriag i manchmal an Zorn:

Trotz meine Ersatzteile bin i heit vui weniger mobil,
S'bucka und hieknien is jetzt für mi fast a unerreichbares Ziel!
Da ehemalige Gmiasgartn is scho lang in da Ruhezeit
Und d'Wildnis dehnt si ungehindert aus, weit und breit!

Mei 1 qm Pflanzfläche in Trögen g'langt für Kräuter und Tomaten,
Dafür brauch i jetzt zum Garteln aa nia mehr an Spaten.
Beerenernte is heia genau so a Fehlanzeige –
Da Gärtner hot d'Sträucher g'stutzt auf jeweils fünf Zweige.

Und wieda a Johr später bin i ganz altersweise worn
Und hab an heldenhaften Entschluss gebor'n:
Meine Nachbarn derfa ab jetz in meim Garten ihre Künste zeigen –
Und i nenn seit Mai ein Zwei-Quadratmeter-Hochbeet mein eigen!

I muaß mi schnellstens um a altersgemäße Sichtweise bemühn:
Wenn i's genau nimm, blüaht s'Unkraut aa und is sonst schee grün!

Nachtrag nach acht Jahren,
Ergänzung Mai 2019

Tauwetter

Wia oft hamma scho auf'n Thermometa g'schaut,
Oiwei hot's jetza g'froarn, scho lang nimma taut.
Allmählich hätt' ma soo gnua vo dem Winta!
Heia is net bloß schlecht, na glei scho ganz minda.
Mit lauta Schneeramma geht da Schneepfluag no drauf
und da Traktor gibt aa an Geist scho boid auf.
De Odelgruabn san voi, da Tenna wird leer –
Wo nemma bloß im Aprui no a Viehfuada her?
Jetz aba scheint's, as Weeda werd bessa,
Dass Kält'n schneid't nimma so wia mid an Messa!
S'Tauweeda is kumma: Überoi schwimmt's und taut!
O mei! Hätt i bloß glei in Kartoffekella nunterg'schaut!

Im Mai

Der Mai hat mehr kirchliche und weltliche Feiertage als andere Monate, damit verbunden ist auch mancherlei Brauchtum.

Schon Kelten, Germanen und Römer opferten und feierten am ***Maibaum***, der den jeweiligen Göttern geweiht war.

Ein großes Dorffest ist heute am 1. Mai das publikumswirksame Aufstellen des traditionell geschmückten und vorher sorgsam gehüteten Maibaums. In die Vorbereitung und das Aufstellen sind die Vereine miteingebunden und der ganze Ort feiert fröhlich mit gutem Essen und Trinken, mit Musik und Tanz.

Ein Maibaumspruch aus meinem Heimatlandkreis:
Vor kurzem stand ich noch im Wald,
doch wurd' ich auserwählt sehr bald,
wurde geschmückt von vielen hier
als der »Handzeller« schönste Zier.
Als Maibaum steh ich nun im Ort,
möchte grüßen alle Leute dort,
möchte künden euch des Dorfes Einigkeit
und hoffe auf eine gute Zeit!

Da der Mai auch der ***Marienmonat*** ist, werden in katholischen Gemeinden fast täglich abendliche ***Maiandachten*** gehalten, besonders feierlich am 1. und 31. Mai. Die Mai-Andachten, mit ihren mir unvergesslichen Liedern und Gebeten, gehören mit zu meinen schönsten Kindheitserinnerungen (ein paar Jahre später war dann das »Heimbegleitet werden« nachher mindestens genau so wichtig!)

Am zweiten Sonntag im Mai feiern wir den ***Muttertag***. 1907 verbreitete Ann Jarvis aus Philadelphia einen Aufruf, alle Mütter der Welt für ihre Sorge und Liebe für ihre Kinder zu ehren. Mit der Zeit entdeckte die Geschäftswelt den Muttertag und so ist er zum Tag der Geschenke geworden, oft auch, um das Gewissen zu beruhigen. Ich werde nie die ersten selbstgepflückten Muttertags-Wiesenblumensträußchen meiner kleinen Kinder vergessen, die wirklich von Herzen kamen und durch kein noch so teures Geschenk zu ersetzen gewesen wären!

In den Mai fällt auch das Fest ***Christi Himmelfahrt***. In meiner Kindheit waren Montag, Dienstag und Mittwoch davor die Bitttage, an denen man in aller Herrgottsfrühe, mit Pfarrer und Kreuz voran, singend und betend in die Kirchen der Nachbardörfer zog, um günstiges Wetter und gute Ernte zu erbitten. Ab diesen Tagen wird auch heute noch nach der Messe der Wettersegen erteilt.

Am Himmelfahrtstag schwebte früher während des Hochamtes das Standbild Christi mit der Fahne, als Darstellung der Himmelfahrt, durch eine eigene Vorrichtung von der Kirche hinauf in den Dachboden. Die Bauern passten genau auf. Denn: »Wo sich unser Herrgott hindreht, da der Wind hergeht!«

Für einige Pfarrgemeinden ist der Himmelfahrtstag der feste Termin für den Pfarrausflug mit der Gemeinde zu einer Bergmesse.

Heute ist bei uns der Himmelfahrtsmarkt und der Rummelplatz geblieben und der Feiertag selbst, als »Vatertag« deklariert, endet leider zu oft unfeierlich alkoholisiert!

Zehn Tage später steht ***Pfingsten*** im Kalender. Die Christen feiern die Ausgießung des hl. Geistes, die Aussendung des Apostel und die Gründung der Kirche. Früher ließ man in manchen Kirchen im Hochamt nach dem Evangelium durch eine Öffnung in der Kirchendecke eine weiße Taube als Symbol des hl. Geistes herabfliegen. Einmal wartete die andächtige Gemeinde lange und gespannt – umsonst! Da tönte die verzweifelte Stimme des Mesners von oben: »Den hl. Geischt hot Katz g'fressa!« Das »Pfingstschnalzen« (Peitschenknallen) mancherorts sollte die bösen Geister von Flur und Saat vertreiben.

Ist Ostern früh im Jahr, fällt auch das ***Fronleichnamsfest*** noch in den Mai. Es geht auf die Einsetzung des Altarssakramentes zurück. Seit dem 14. Jahrhundert führt jährlich die feierliche Prozession mit der Monstranz an blumen- und birkengeschmückten Häusern vorbei zu den Stationen der vier Evangelisten, wo jeweils vor dem Altar liebevoll ein bunter Blumenteppich gelegt wurde. Für die Kommunionkinder des Jahres ist es eine große Ehre, in der Prozession vor oder nach dem »Himmel« mitgehen zu dürfen.

Ich finde, der Mai, in der neu erwachten blühenden Natur, gar noch mit Sonne am weiß-blauen Himmel, seinen Festen und Bräuchen, ist ein richtig barocker, bayerischer Monat!

Literarisches Frühstück,
März 2007

Familie Maus in der Sommerfrische

Noch eine Woche in der Waldschule! Dann ist es soweit. Dann wird Familie Maus Kind und Kegel zusammenpacken und in den Mäusekurort Speckhausen fahren!

Die vier kleinen Mäuslein Graurock, Schwänzchen, Spitzohr und Schlupfi zappeln vor Ungeduld. Mutter Maus geht ans Packen. Die Kleinen laufen geschäftig auf der winzigen Plattform vor der Höhle auf und ab. Endlich kommt Vater Schlaukopf von der Arbeit in der eingestürzten Höhle eines Hamsters nach Hause.

Dieser alte Hamster war zu unvorsichtig in seine Behausung eingetreten und hatte den Einsturz der Decke verursacht, der ihm dann das Leben gekostet hatte. Vater Schlaukopf und seine Hilfsarbeiter sind schon zwei Wochen damit beschäftigt, die Vorräte des Verunglückten zu sich nach Hause zu schaffen.

Vater hilft nun beim Packen, schnell wird zu Abend gegessen und dann werden die Kinder ins Bett gesteckt, denn sie müssen für die morgige Reise frisch und munter sein.

Kaum geht die Sonne über dem hohen Graswald auf, der die Wohnung von Familie Maus umgibt, zieht die ganze Gesellschaft zur Haltestelle der Wiesenpost. Sie liegt etwa zehn Mäusemeilen entfernt am Rande des Froschweihers. Auf großen Seerosenblättern lässt sich die Familie von der dickbauchigen Unke übersetzen. Nach einer halben Stunde Fahrt haben sie Speckhausen erreicht. Im Hafen des Kurortes wimmelt es von Erholungssuchenden.

Die Stadt zählt etwa 800 Einwohner, die von hochnäsigen Stadtmäusen abstammen.

Die Gründer der Stadt kamen vor langer Zeit mit sehr viel Speck beladen an den Froschsee und gründeten den Erholungsort.

Familie Maus mietet sich im ersten Hotel am Platze ein. In diesem Hotel »Schinkenwurst« wird alles erstaunt betrachtet. Man schläft nicht wie zu Hause auf einem Büschel frischen Grases, sondern auf fein geflochtenen

Heumatten. In einem zusammengerollten Erdbeerblatt liegt in jedem »Zimmer« eine saftige Walderdbeere als Betthupferl.

Daneben in einem Dotterblumenkelch steht frisches Quellwasser bereit.

Vater und Mutter Maus und die Kinder Graurock, Schwänzchen, Spitzohr und Schlupfi wandern nun erstaunt durch den unbekannten Ort und bewundern hier das hübsche Kleid einer blondgefärbten Mäusedame, dort im Strandbad die ersten Schwimmversuche einer Kinderschar.

Am Denkmal der Städtegründer verweilen sie andächtig und betrachten mit begehrlichen Blicken die künstliche Speckschwarte. In einem Hotelgarten sitzen unter riesigen Farnsonnenschirmen Kurgäste aus der Umgebung, die in Speckhausen die Ferien verbringen. Die Familie kehrt in einem einladenden Lokal ein, um zu Mittag zu speisen. Es gibt geriebenes Korn mit geschnittenem Käse und Sauerampfersalat.

Am Nachmittag wandern Mutter und Vater Maus in den berühmten Farnenhain, während die Kinder sich am Hafen mit Blätterbooten und Strohhalmen beim Paddeln vergnügen. Nachdem die Sonne hinter dem Graswald verschwunden ist, kehren Vater und Mutter Maus mit Graurock, Schwänzchen, Spitzohr und Schlupfis rechtschaffen müde in die »Schinkenwurst« zurück, wo sie in den ungewohnten Schlafstellen bald neuen Entdeckungen und Ferienabenteuern entgegenträumen.

Brigitte Kuhn,
Schulaufgabe aus dem Deutschen (Phantasieerzählung) 22. Juni 1956,
Literarisches Frühstück,
2018

Heilmittel um's Haus rum

Em richtigen Kürbisplatz war i auf da Spur,
Mei, Fleckerl um's Haus rum hätt'i grad gnua!
Aber Feinschmecker san hoit meine gelben Riesen –
De konn'i net bloß neisetz irgendwo in d'Wiesn.
Hoit, da kummt's ma, de Superidee:
Am oidn Misthaufa hintn, da wär's guat und schee!
A verrotteter Boden, Sonnenschein den ganzen Tag,
Akkurat des, was a Kürbis gern mag!

G'schwind rum um's Hauseck, des geh i glei o!
Aber so schnell geht's doch net, des sieg i scho:
Alls is voll Brennessel, so richtig groß und stark –
Pfiad di Gott, mi schaudert's glei bis ins Mark.
Des huift aber nix, s' pressiert jetz mit m Auspflanzen.
Da konn i nimma lang umanandatanzn.
I hab jetz koa Zeit mehr zum »Rüstung« oziagn,
Vielleicht brenna's heit net, i wer's na scho g'spürn!

Glei hab i mi hi kniat und mei Werk begonna,
Grell und hoaß scheint und brennt vo oben d'Sonna.
I beiß Zähn zamm, ziag und reiß mit aller Kraft –
D'Brennessel sitzen fest und san guat im Saft.
Vor lauter Eifer und Schwitzn merk i s' Brenna fast net,
Dann foit ma plötzlich ei, was im Kräuterbuach drin steht:
»Den Mutigen erfreut eine wohlige Wärme!«
Und sofort spür i s' Stechen und Zucken bis in d' Gedärme.

Richtig schlimm is nach'm Dusch'n im Bett dann erst worn,
Morgen geh i langärmlig, des hab i mir g'schworn!
Die »wohlige Wärme« hab i no tagelang genossen –
Inzwischen san meine Kürbis mächtig ins Kraut g'schossn.
Im Kräuterbuach hab i am Feierabend no genauer nachg'lesen:
»Mit Brennesseln können Rheuma und Liebesleben genesen!«
Aber nackert drin wälzen, dass ma's aa ganz richtig macht –
Des hab i bis heit no net fertigbracht!!!

Literarisches Frühstück,
September 2006

Waldeslust

Ich ging durch einen grasgrünen Wald und hörte die Vögelein singen. Ich schaute zu ihnen hinauf und dachte: Wer hat dich, du schöner Wald, aufgebaut so hoch dort droben und spürte im Herzen die Waldeslust. Da kam von hinten ein Jäger aus Kurpfalz daher geritten und plötzlich fiel mir ein: Und im Wald da sind die Räuber ...

Schon in frühester Zeit spielte der Wald in Liedern, Sagen und Märchen eine wichtige, oft geheimnisvolle Rolle. Die meisten Schlösser standen im finsteren Tann, Waldgeister, Hexen, die sieben Zwerge und viele wilde Tiere wie Bären oder Wölfe hatten hier im Wald ihr Zuhause.

Im Waldkindergarten erfahren heute schon die Kleinen im Umgang mit der Natur, welch aufregende Tier- und Pflanzenwelt der Wald uns bietet. Der gestresste Bürger nutzt die Gelegenheit für erholsame Spaziergänge zu allen Jahreszeiten: Im Frühling lockt der Wald mit lichtdurchfluteten Durchblicken und blumenübersäten Lichtungen, und erfolgreiche Entdecker tragen Bärlauch als erstes Naturgrün nach Hause. Beim neu erfundenen »Waldbaden« ist körperliche und seelische Erfrischung zu finden, sagt man, und die Umarmung eines Kraftbaums soll zu Energie und Stärke verhelfen. Sommer und Herbst bieten für Mensch und Tier einen reichlich gedeckten Tisch mit Beeren und Pilzen. Und ein Spaziergang an einem sonnigen Wintertag durch Schnee und das darunter raschelnde Laub ist ein besonderes Highlight. Für Erholungssuchende werden im Wald auch Lehr- und Trimm-dich-Pfade, Reit- und Radwege, sowie Rastplätze oder vereinzelt auch Wildgehege angeboten. Und am Ende ihres Lebens wünschen sich viele Naturliebhaber als letzte Ruhestätte ein Grab in einem »Friedwald«.

Ein Drittel Bayerns, zweieinhalb Millionen Hektar, sind von Wald bedeckt. Er spielt eine ganz wichtige Rolle für unser Leben, er ist Wasserspeicher, bindet CO_2 (ein Kubikmeter Holz bindet eine Tonne während der Wachstumszeit), schützt Siedlungen und Straßen vor Hochwasser, Immissionen und Lärm, in den Bergen vor Steinschlag, Muren und Lawinen und ist Lebensraum für eine vielseitige Tier- und Pflanzenwelt.

Moritz im »Kletterwald«

Aber auch der Wald ist im Umbruch und Wandel: Waldesstille und Ruhe sind nicht mehr unbedingt als selbstverständlich zu erwarten, denn wenn Jogger und Biker Tag und Nacht unterwegs sind, hat auch das Wild keine Ruhe und Rückzugsmöglichkeit mehr. Was Wunder, wenn die Rehe sich dann an Jungpflanzen vergreifen und nach der Vorgabe »Wald vor Wild« durch erhöhte Abschussquoten dafür büßen müssen.

In der derzeitigen Lage muss der Wald sorgenvoll als gefährdeter Patient betrachtet werden. Durch die langjährige Fichtenmonokultur der Flachwurzler hat der großflächige Baumbestand an manchen Orten seine Standfestigkeit verloren und die vermehrten Dürreperioden, sowie die immer häufigeren und stärkeren Stürme vernichten in kürzester Zeit riesige Waldgebiete. Wenn das Holz, das zudem meist nicht mehr zur Verarbeitung taugt, nicht schnellstmöglich aus dem Wald entfernt wird, ist der Borkenkäfer fast nicht mehr einzudämmen. Diese Situation bedeutet für die betroffenen Bauern meist nur mehr Frust und viele Existenzen sind bedroht.

Die weltweiten Waldbrände, ob durch Witterungseinflüsse entstanden oder aus Profitgier entzündet, beschleunigen massiv den Klimawandel. Viele groß angelegte Baumpflanzaktionen privater oder gesellschaftlicher Initiatoren rund um den Globus versuchen intensiv, die Wälder zu retten. Hoffentlich haben sie den gewünschten Erfolg ihrer Bemühungen! Der Wald braucht viele Jahrzehnte zum Wachsen, in Stunden kann er vernichtet sein!

Im bayerischen Waldgesetz gilt als Leitmotiv: Schützen und Nutzen auf möglichst gesamter Fläche. Gleichzeitig wurde ein Milliardenprogramm für klimafeste Wälder aufgelegt. Wir wünschen uns sehr, dass wir auch in Zukunft noch dankbar mit und in unserem schönen deutschen Wald leben und von Herzen Waldeslust verspüren dürfen!

Übrigens, am 21. März ist der Tag des Waldes.

Ich bin der Wald, ich bin uralt, ich hege den Hirsch, ich hege das Reh, ich schütz euch vor Sturm, ich schütz euch vor Schnee. Ich wehre dem Frost, ich wahre die Quelle, ich hüte die Scholle, bin immer zur Stelle.

Ich bau euch das Haus, ich heiz euch den Herd. Darum ihr Menschen, haltet mich wert!

Anonymus

Literarisches Frühstück,
März 2020

Winterfreuden

Alles Mögliche fällt uns spontan zu diesem Begriff ein. Zuerst wird es weiß vor dem inneren Auge. Aber gleich treten ganz sicher je nach persönlicher Lebenssituation und Vorliebe die unterschiedlichsten Bilder in den Vordergrund. Kinder begrüßen den ersten Schnee begeistert mit Schneeballschlacht, Schneemannbauen und Schlitten- und Bobfahren auch auf dem kleinsten Hügelchen. Beim Wälzen im Schnee leisten ihnen Hunde mit Wonne Gesellschaft! Der Hundehalter genießt Winterfreuden in Form von sauberem Fell und Pfoten.

Kleine und große Schüler können sich seit einigen Jahren bei passender Witterung durch die Faschingsferien am Winter erfreuen, manchmal auch außer der Reihe durch ein Zuviel des weißen Segens mit schulfrei!

Für Menschen im normalen Alltag sehen Winterfreuden vielleicht ganz anders aus: Wer täglich einen weiteren Weg zum Arbeitsplatz hat, freut sich ganz bescheiden über das Auto, das in der Laternengarage nicht total zugeschneit oder vom Räumdienst verbarrikadiert ist und sogar auf Anhieb anspringt, mit dem er dann auf passierbaren Straßen ohne Stau und Crash rechtzeitig zum Ziel kommt – und abends wieder zurück!

Hausbesitzer und Hausmeister sind erfreut über geringe Schneehöhen ebenso wie die Gemeindeoberen, wenn die Räum- und Streukosten nicht Höhenrekorde erreichen. Auf der Gegenseite sind Fußgänger, insbesondere ältere und gehbehinderte Menschen zufrieden mit geräumten, gestreuten und somit sichereren Gehwegen und Straßen.

Aber wie wäre es damit: Einmal Freude für andere, eine ganz neue Idee! Denken Sie nur an die Erleichterung der Pkw- und Lkw-Fahrer, die vor einigen Wochen morgens mit heißem Tee per Schubkarrentransport aus ihrer Autobahnübernachtungsfalle belebt und erlöst wurden! Hunderte waren damals als Retter im Einsatz! Und wie riesig würden sich Polizei, ADAC und sonstige Verkehrsschutzengel über vernünftige Verkehrsteilnehmer freuen, die mit richtiger Ausrüstung und angepasstem Fahrverhalten – oder wenn möglich, – gar nicht unterwegs wären!!!

Ein Teil der Bevölkerung bekennt sich offen als Wintermuffel, wenn nicht Winterhasser. Viele davon ziehen die Konsequenzen – und mit den Vögeln nach Süden zum Überwintern. – Auch das sind Winterfreuden!

Aber jetzt zu den hiesigen praktizierbaren Winterfreuden im Land: In unseren Urlaubsregionen haben Gastgewerbe und Wintersporteinrichtungen heuer wieder Grund zur Freude: Das Winterwetter passt einigermaßen zum Kalender! Und so gibt es für winterliche Vergnügungen jede Menge Möglichkeiten: Einheimische und Gäste kommen in der Ebene und auf Bergeshöhen und -hängen auf ihre Kosten in sämtlichen Schwierigkeitsgraden:

Winterfreude pur kann der tägliche Spaziergang allein oder in Gesellschaft von Hund oder Mitwanderern sein, das nachmittägliche Rutschen am nahen Hügel mit Schlitten, Bob oder Ski. Und wie laut und fröhlich klingt es am Stadtweiher, wenn die Schlittschuhläufer ihre Runden drehen und die Eisstockschützen über Sieg und Niederlage diskutieren!

Außerhalb der Stadt kann man des öfteren Pferdeschlitten mit dick eingemummelten begeisterten Fahrgästen begegnen und an schönen sonnigen Tagen ähneln die Langläufertrupps einer kleinen Völkerwanderung.

Bergwärts tummeln sich die Skifahrer auf den Pisten und im Tiefschnee gemeinsam mit den Snowboardern auch auf dem seelischen Gipfel ihrer Winterfreuden.

Schneeschuhwanderer stapfen im Gänsemarsch gleichmäßig Hügel und Bergrücken aufwärts, um nach einer Rast mit beglückendem Aus- und Rundumblick auf dem neuesten Rucksack-Bob-Kombigerät mühelos und mit Genuss wieder Richtung Tal zu rutschen.

Gefrorene Wasserfälle locken die ganz Extremen zum Eisklettern auf der Suche nach dem besonderen Kick.

Die weniger aktiven Wintersportler erfreuen sich an großen sportlichen »Events« wie zum Beispiel an der Ski-WM, die derzeit direkt vor unserer Haustür stattfindet, als direkter Zaungast vor Ort oder beim Fernsehen in der ersten Reihe.

Moritz und Elisa bauen im Schnee

Lokale Highlights ziehen auch immer mehr Besucher an, so etwa Hörnerschlittenabfahrten oder Schlittenhunderennen. Für fast jeden Geschmack ist etwas dabei, und ich habe bestimmt nicht alles aufgelistet!

Nach einem Spaziergang in frischer kalter Luft daheim in der warmen Stube vom Kaffeetisch aus den Blick wieder und wieder über die traumhafte Winterlandschaft vom Grünten bis zur Zugspitze schweifen zu lassen, das gehört zu meinen Winterfreuden, jedes Jahr aufs Neue!

Literarisches Frühstück,
Februar 2005

Gedanken zum Advent

Und wieder ist es Dezember – Vorweihnachtszeit. Wir haben absichtlich die Hektik in den Geschäften und den Alltagsstress hinter uns gelassen. Wir wollen bewusst den Advent auf und in uns wirken lassen.

Immer mehr Christen erkennen, dass in ***dieser*** Zeit Besinnung auf das Wesentliche leichter möglich ist, – wir sollten es zulassen!

In dieser sogenannten »stillen Zeit« könnten wir vielleicht einmal einen immer wieder aufgeschobenen Besuch machen, einen Besuch bei uns selber. Das kann eine ganz schön anstrengende und mitunter auch unangenehme Angelegenheit werden! Einmal genau und kritisch hinschauen: Wie bin ich wirklich, bin ***ich*** damit zufrieden, wie ich bin? Sollte ich nicht dieses oder jenes wieder in die eigentlich gewollte Richtung bringen? Wäre nicht jetzt im Advent die Gelegenheit, die Möglichkeit, mich wieder auf den richtigen Weg zu machen?

Vielleicht, nein sicher, sollte ich mir jeden Tag ein bisschen Zeit für mich gönnen, besser noch, mir bewusst schenken.

Auch die guten alten Adventsbräuche können hilfreich sein. Einen davon will ich herausgreifen: Die guten Wünsche zu Weihnachten in Wort oder Schrift für liebe Mitmenschen. Einen besonders bedenkenswerten, aus der Rolle des Üblichen herausgefallenen, habe ich in einer Pallotiner-Zeitschrift entdeckt:

»Ich wünsche uns ***vier Schlüssel***. Einen Schlüssel für die ***Hintertür*** – der Herr kommt, wo und wann wir es nicht vermuten, er kommt in denen, die sich nicht ans große Tor getrauen.

Einen Schlüssel für die ***Tür nach innen*** – der Herr ist inwendiger als unser Innerstes, von dort aus betritt er das Haus unseres Lebens.

Einen Schlüssel für die ***Verbindungstür***, die zutapezierte, zugemauerte nach nebenan – im Allernächsten, welcher der Allerfremdeste ist, klopft der Herr bei uns an.

Einen Schlüssel für die ***Haustür***, für das Portal, dort hat man Jesus mit Maria und Josef abgewiesen, wir wollen uns nicht genieren, ihn öffentlich einzulassen in unser Leben, in unsere Welt, – Werden wir sein Bethlehem heute sein?«

Ich wünsche uns allen noch gesegnete Adventswochen und ein frohes Weihnachtsfest!

Literarisches Frühstück,
Dezember 2006

Bald ist Weihnacht

Auch heuer ist bald wieder Weihnacht,
Höchste Zeit auch diesmal für die Christbaumpracht.
Alle Jahre ab 1. Advent klingen wieder
Am Christbaummarkt die Weihnachtslieder.
Und alle Jahre wieder teuer
Ist der Christbaum, inklusive Mehrwertsteuer.
Für den Verkäufer ist es sehr diffizil,
Muss er Steuer zahlen, und wenn ja, wie viel?
Auf Herkunft und Standort kommt es an,
Damit man die Kosten bestimmen kann.
Durch einen Steuerdschungel läuft man beim Christbaumkauf,
Ohne Hintergrundwissen fällt es keinem auf.

5,5 % normal und artgerecht gewachsen im Bauernwald,
7 % wenn an den Gewerbetreibenden zum Verkauf gegeben bald,
10,7 % stammt das Prachtstück aus der Sonderkultur,
19 % der Plastikbaum, aber der ist ja Kunst, nicht bloß Natur!

Und ich überlege hin und her, für mich allein
Muss es da wirklich ein Christbaum sein?
Drum spar ich mir gern die Einkaufsrunde,
Und hol' mir statt dessen in einer sonnigen Stunde
Auf der Terrasse einen Strauß mit schönen Eibenzweigen,
Dann ohne Steuer, denn die sind mein Eigen.

Frohe Weihnachten!

Literarisches Frühstück,
im November 2017

Hallo, ich bin der Burschi …

Ich bin ein echter Bernhardiner und sogar für diese Rasse ein bisschen groß geraten. Als man mich das letzte Mal gewogen hat (zur Ermittlung der benötigten Arzneimenge), brachte ich 85 Kilogramm auf die Waage. Inzwischen schwanke ich zwischen 75 und 80 Kilogramm. Aber das sind nur Äußerlichkeiten: In meinem Herzen bin ich ein kleiner verschmuster und liebebedürftiger Schoßhund! Mittlerweile bin ich sieben Jahre alt, für Hunde meiner Art ein älterer, etwas ruhiger Herr.

Ich gehe gern spazieren, (mein Fraule begleitet mich) meist auf unserer Hundepromenade am Stadtrand. Pressieren darf es allerdings nicht! Gott bewahre, die Ruhe sei mir heilig, nur die Verrückten haben's eilig. Schließlich will ich ja zu beiden Seiten des Weges gründlich die Hundezeitung lesen, äh riechen und meinen Kommentar dazugeben!

Neulich sind wir auf dem Weg zum täglichen Treffpunkt zwei älteren Herren (Menschen) begegnet, die mein Fraule ganz aufgeregt warnten: »Da drüben auf der Wiese springen vier große Hunde frei herum!« Da antwortete mein Fraule ganz cool: »Ja, ja, zu denen wollen wir auch gerade!« Fassungsloses Kopfschütteln war die Reaktion.

Manche Leute oder Hunde haben Angst vor mir, weil ich so groß bin. Das ist aber grundverkehrt; ich bin freundlich zu Groß und Klein, sehr friedliebend und harmoniebedürftig.

Klar, dass ich feststellen muss wie die anderen riechen, darum beschnuppere ich sie rundherum ein bisschen, aber beißen oder zwicken, das käme mir nie in den Sinn. Warum denn? Ab und zu piesacken mich die jungen ungestümen Teenager, um mich zum Mitspielen aufzufordern, da reagiere ich ganz gelassen: Es sind halt übermütige Kinder !

Manchmal sabbere ich etwas, (hierzulande sagt man: Er trialat schon wieder!) Boxer und Bernhardiner tun das eben! Meinem Fraule ist das peinlich, mir nicht! Wer mit Hunden geht oder umgeht, sollte das »kleine Schwarze« im Schrank lassen und vernünftigerweise den Kampfanzug, sprich Jeans und Allwetterjacke anziehen.

Ich weiß gar nicht mehr, wie oft schon gefragt wurde: »Ja wie viel frisst denn so ein Hund?« Also, ich werde gesund gefüttert, sogar mit täglicher Knoblauchzugabe und bin auch jeden Tag satt. Klar würde ich noch mehr fressen und gegen Leckerle zwischendurch habe ich absolut nichts! Aber mein Fraule hat gesagt: »Der Vielfraß wird nicht geboren, sondern erzogen!«

Apropos erzogen: Im zarten Jugendalter war ich dreimal in der Hundeschule. Puh, war das ein Stress! Immer wieder das Gleiche: »Fuß« und »Sitz« und »Platz« und »Steh« und was die da sonst noch alles von uns wollten! Um des lieben Friedens willen hab ich halt mitgemacht, aber heute hab ich schon einiges vergessen! Manchmal hat mein Junior Herr wieder etwas Zeit für mich und erinnert mich unsanft an diesen Kasernenhofdrill!

In meiner jugendlichen Sturm- und Drangzeit war es mir trotz des weitläufigen Geländes daheim (am südlichen Stadtrand von Kempten) manchmal zu eng und zu langweilig. Wie meine Familie das mitgekriegt hat, wurde höllisch aufgepasst, dass ich nicht ausbüxe. In einer regnerischen Frühlingsnacht konnte ich nicht schlafen und hab aller Welt lautstark mein Leid geklagt. Nacheinander sind alle mit mir raus gegangen (mit Leine). Der Senior Herr hat nicht an die Leine gedacht und ich hab die Freiheit ausgenützt! Ich bin gelaufen und gelaufen, immer der Nase nach, und immer hat es noch besser und interessanter gerochen – da hab ich das Heimgehen und den Heimweg total vergessen!!!

Die Situation zu Hause habe ich später aus aufgeregten Berichten des öfteren erfahren: Man hat Polizei, Lokalradio und Tierheim informiert und dann ging die Suche nach mir los! Um 11 Uhr am Vormittag wurde Fraule von der Polizei benachrichtigt, dass ein Bernhardiner zwischen Schlatt und Hirschdorf im Kemptener Norden gesehen wurde und zwei Beamte hätten ihn aufgegriffen ... Fraule stürzte sich mit Leine und einer Tüte Leckerle ins Auto und raste los. War ich da froh und erleichtert als ich sie kommen sah!!! Und dabei hat sie mich gar nicht gleich erkannt, weil ich sooo nass und schmutzig war. So gern und so schnell bin ich noch nie ins Auto gehüpft – keiner hat geschimpft, immer wieder wurde mir versichert, wie glücklich alle seien, mich wieder zuhaben! Ich brauche wohl nicht eigens erwähnen, dass der Bedarf an Spaziergang für diesen Tag gedeckt war. Der Sinn stand mir nur noch nach Schlafen! Auf meinem täglichen Rundweg komme ich an einem Bächlein vorbei, mal mit mehr, mal mit weniger Wasser. Da darf ich nach Herzenslust jedes Mal trinken und kneippen, ach das ist schön! Kein Wunder, dass ich so »wasser-

süchtig« bin, bin ich doch im Sternzeichen Wassermann geboren. Drum hab ich es auch gar nicht so mit der großen Hitze: Im Sommer gehe ich am allerliebsten ganz in der Früh und am Abend raus und Riesenmärsche schätze ich da auch nicht besonders. Tagsüber liege ich im Schatten und auf kühlem Boden mit genügend frischem Trinkwasser in Reichweite. Kein Wunder, denn ich kann ja meinen »Pelzmantel« nicht ausziehen. Schwitzen kann ich von Natur aus nicht viel, deswegen muss ich furchtbar hecheln, wenn es mir heiß ist.

Im Winter dagegen bin ich in meinem, Element! Da kugle und wälze ich mich voller Wonne im Schnee herum und bin da auch stets picobello sauber.

Weil wir gerade von sauber reden: Ich liebe es, wenn ich geputzt werde! Das ist auch dringend nötig, da mir laufend Haare ausgehen. Die meisten zwar beim Haarwechsel im Frühjahr und im Herbst, aber bei jedem Streicheln gehen welche mit.

Wenn Fraule den Staubsauger holt, bin ich schon ganz »high«! Zuerst geht es gründlich mit dem Striegel zur Sache, das ergibt auch schon einen Eimer voll. Dann kommt das Schönste:

Saugmassage mit dem Staubsaugerschlauch ausgiebig von vorne bis hinten und von oben bis unten – ein Genuss jedes Mal aufs neue!

Der Feinstrich mit der Bürste beendet das Zeremoniell, dann bin ich wieder ein schöner Hund!

Literarisches Frühstück,
März 2008

Von Mensch
zu Mensch

Heimat und Fremde

»Heimat« – ein abgegriffenes, viel strapaziertes Wort mit schalem Beigeschmack durch (Heimatmelodien und Heimatklänge, Heimatroman, Heimatfilm und Heimatabend), viel gebraucht und oft missbraucht.

»Heimatkunde« – im Volksschullehrplan einst überbewertet, dann verworfen, heute wieder hereingeholt.

Was ist Heimat? Heimat hat nie kontinentale Ausmaße, das ist ein Fleckchen Erde, das man liebt: Das Elternhaus, der Geruch der Natur in den Jahreszeiten, der Kreis der Familie, Sitten und Bräuche, Menschen, die sich kennen und grüßen, die sich mitfreuen und in der Not beistehen.

Heimat – der Bereich, den man als Kind zu Fuß und mit dem Fahrrad erobert hat, die Gegend, in der man meist seinem Beruf nachgeht, im weiteren Sinn das Land, in dem man sich in eigener Sprache verständigt.

Heimat – das sind für jeden individuell unauslöschliche Erinnerungen, Eindrücke, Erlebnisse – und wenn man Glück hat – meistens positive.

Heimat Europa – trotzdem sind die meisten von uns im Herzen zu allererst Deutsche, Bayern, Allgäuer, oder Zugereiste, je nach dem!

In der Heimat leben zu können, zu dürfen, Heimat zu erleben, ist das nicht immer und überall ein Erlebnis?!

Es heißt, den wirklichen Wert der Heimat kann nur der ermessen, der sie verloren hat. Das trifft auf die vielen tausend Menschen zu, die durch Bombenhagel oder Vertreibung ihren angestammten Lebensraum verlassen mussten. Genauso trauerten viele Auswanderer in den beiden vergangenen Jahrhunderten um ihre Heimat, die wegen der aussichtslosen wirtschaftlichen Lage zu Hause im »Land der unbegrenzten Möglichkeiten« oder anderswo in der Fremde eine bessere Zukunft suchten.

Auch heute sind weltweit Millionen Menschen auf der Flucht vor Krieg und Hungersnot in ihrer Heimat und suchen irgendwo in der Fremde eine Bleibe und Frieden. Und wenn wir verreisen, in Urlaub oder Geschäften, in die ganze Welt, was hort man da oft sagen: »Ich fahre gerne fort, aber noch lieber wieder heim!« Ich finde, Heimat und was damit zusammenhängt, erfährt zum Glück in der letzten Zeit wieder eine Aufwertung:

Kühe auf der Weide

Der Dialekt, lange Zeit in der Grundschule verpönt, ist wieder salonfähig (und laut wissenschaftlichen Erkenntnissen sogar intelligenzfördernd).

In einer Passauer Realschule setzt man sich anstelle von »Hallo« und »Tschüss« für das alte, bayerische vertraute »Grüß Gott« ein.

Die echten Volkslieder und -tänze sind auf dem Vormarsch aus Spaß an der Freud und nicht ausschließlich zur Gästeunterhaltung am »Heimatabend« der altvertraute Ausspruch, »Dahoam is dahoam« gab einer erfolgreichen Fernsehserie des Bayerischen Rundfunks seinen Namen und zwischen den Sendungen stellen in kurzen Spots die verschiedensten Menschen eindrucksvoll ihre bayerische Heimat in typischen Aufnahmen vor: »I bin der Albert, der Stephan, der Sepp, die Annette ... und da bin i dahoim, dahoam, daham!«

Unsere Heimat, unsere schöne Heimat ist ein Gottesgeschenk, es ist nicht unser Verdienst, hier geboren zu sein und leben zu dürfen, es hätte uns in eine weitaus unangenehmere Umwelt verschlagen können. Darum haben wir auch eine Verpflichtung unseren Nachkommen gegenüber: ihnen eine lebens- und liebenswerte Heimat zu hinterlassen, wie es auch in der Bayernhymne angemahnt wird.

Literarisches Frühstück,
Februar 2012

Not macht erfinderisch

Trotz vieler Fundstücke aus der Urzeit lässt sich doch der Alltag der Höhlenbewohner nicht im Einzelnen rekonstruieren. Ich könnte mir gut vorstellen, dass damals die Hauptaufgabe der Männer die Jagd und somit die Beschaffung der täglichen Ernährung war. Die erlegte Beute wurde vor der Höhle abgelegt und ev. wurde dem Bären das Fell noch abgezogen, aber die weitere Verarbeitung war bestimmt Aufgabe der Frauen! Ich bin mir sicher, dass die Tiersehnen als Fäden zur Herstellung der Pelzbekleidung und des Schuhwerks vielen mühseligen Versuchen und auch Fehlschlägen der Höhlenfrauen zu verdanken sind. Ebenso die notwendige Haltbarmachung von Fleisch durch Trocknen und Räuchern, nach dem Prinzip: Probieren geht über Studieren. Vielleicht dieselbe Methode bei der Verwendung von Beeren, Pilzen und Kräutern für die Erweiterung des Speisezettels.

Not macht erfinderisch!

Eine erfinderische Frau war auch Katharina von Bora, die Ehefrau von Martin Luther. Auf Käthes Schultern lastete die gesamte Hauswirtschaft und Luther verließ sich auf ihr Können, ihre Umsicht und ihren Fleiß. »Herr Käthe«, wie er sie respektvoll nannte, beaufsichtigte den Umbau des Klosters, ihres Hauses, ließ Ställe errichten und legte Gärten an, war Gärtnerin, Imkerin, Bäuerin, Wirtschafterin, sogar Brauerin. Der Bedarf an Nahrung war groß, neben den eigenen sechs Kindern waren weitere sechs von Luthers verstorbenen Verwandten zu versorgen. Dazu kamen zahlreiche Kostgänger und Gäste, sodass die Tischgesellschaft täglich an die 50 Personen umfasste. In Wittenberg hieß es, im Haus der Lutherin wohne eine »gar wunderlich gemischte Schar aus Studenten, verlaufenen Nonnen, Witwen, alten Leut' und Kind.« Wie oft musste da »Herr Käthe« alle Fantasie, Hausverstand und Tatkraft einsetzen, zumal das Einkommen des Predigers nicht allzu üppig war!

Aber Not macht erfinderisch.

Eine erfinderische Frau neuerer Zeit war die weltbekannte berühmte Puppenmutter Käthe Kruse. Nach Schauspielunterricht war sie schon mit 19 Jahren eine erfolgreiche Schauspielerin, lernte den berühmten Berliner Bildhauer Max Kruse kennen und in kurzer Zeit war die Familie mit drei Mädchen vorerst komplett. Die Kinder wollten mit Puppen spielen und Käthe bat den Vater, aus Berlin das ersehnte Spielzeug mitzubringen. Max Kruse reagierte empört: »Ick koof euch keene Puppen, ick find' se scheißlich. Macht euch selber welche!«

Käthe Kruse fertigte mit Hilfe ihrer Mutter, die gut nähen konnte, der Natur nachempfundene Puppen, die anders als die gebräuchlichen, biegsamer und weicher waren. Sie vervollkommnete ihre Geschöpfe immer mehr und erhielt bei Ausstellungen in Berlin zahlreiche Preise. Die Puppen, inzwischen nach ihren eigenen Kindern entworfen, waren längst weltweit Verkaufsschlager geworden. Nach Krieg und Vertreibung fand Käthe Kruse und ihre Puppenwerkstatt für den Neubeginn in Donauwörth eine neue Heimat. Auch heute werden dort – noch immer in Handarbeit – die beliebten Käthe-Kruse-Puppen gefertigt und für einen guten Preis in alle Welt verkauft. Im Käthe-Kruse-Museum ist die ganze Puppengeschichte zu bestaunen.

Not macht erfinderisch!

Ein Loblied auch auf die Nachkriegsmütter: Wie waren sie doch kreativ in einer Zeit, in der es nichts zu kaufen gab, wo viele durch Hamsterfahrten das Überleben der Familie zu sichern suchten. Ich weiß es noch aus eigenem Erleben, das Nachklauben auf dem Kartoffelacker nach der Ernte oder das Ährenlesen, wenn das Korn eingefahren war. Zuckerrüben waren der Grundstoff für den Rübensirup, der den unerschwinglichen Zucker ersetzen konnte ...

Wintermäntel und Jacken fabrizierte man aus Militärmänteln, aus Fallschirmseide entstand manches Braut- oder Kommunionkleid und ich hatte in der Grundschule die Bewunderung vieler Mitschüler für ein Paar tolle weiße Schuhe, die mir meine Mutti aus dickem Segeltuch genäht hatte, mit Sohlen aus Fahrradreifen!

Not macht erfinderisch!

In den letzten Jahren des Dauer-Milchpreis-Tiefs fanden manche Landwirte einen Ausweg, indem sie ihre schlecht bezahlte Milch nach Genehmigungen und Auflagen zu »Bauernhof-Eis« verarbeiten und dann im eigenen oder befreundeten Hofladen verkaufen konnten.

Der Erfindergeist weht, wo er will, besonders in Notzeiten!

Literarisches Frühstück,
Juni 2018

Das ehrbare Handwerk

Nachdem die Jäger und Sammler der Urzeit zu sesshaften Acker- und Viehbauern wurden, entstanden im Lauf der Zeit durch helle Köpfe und geschickte Hände von Weidenflechtern, Zimmerleuten und Töpfern Hütten und Häuser.

Das professionelle Handwerk (Werk der Hände), nahm seinen Anfang. Maurer, Schmied, Wagner und Sattler dürften auch zu den ältesten Handwerkern zählen.

Aus den Selbstversorger-Familien entwickelten sich allmählich spezielle Handwerke, zum Beispiel Müller, Bäcker, Metzger zur Sicherstellung der Ernährung, Weber, Schneider, Gerber, Färber, Schuster, Schreiner usw. für den weiteren Alltagsbedarf. Die einzelnen Handwerkergruppen schlossen sich zu Vereinigungen, (Zünften) mit strengen Regeln zusammen, um ihre Interessen gemeinsam besser vertreten zu können. Sie lebten und arbeiteten auch innerhalb der Städte zusammen. Die alten Handwerkerviertel in manchen Städten sowie die Straßennamen (auch in Kempten), geben davon noch Zeugnis:

Webergasse, Lohgässele, Färbergraben, Bäckerstraße, An der Schmiede usw. Später wurden aus den Zünften die Innung und die Kreishandwerkerschaft. Viele, auch heute noch gebräuchliche Redensarten und bekannte Volkslieder stammen aus dem Handwerkerbereich:

»Es ist noch kein Meister vom Himmel gefallen!«

Ein Handwerker musste seinen erwählten Beruf in einer meist mehrjährigen, oft harten Lehrzeit erlernen, wobei früher der Lehrling sein »Lehrgeld« an den Meister zu zahlen hatte und Ohrfeigen und Kopfnüsse oft genug zum täglichen Ritual gehörten. Die Arbeitswoche dauerte sechs Tage und der Tag meist von Sonnenaufgang bis zum Untergang. Darum wohnten Lehrlinge und Gesellen auch in der Familie des Meisters und konnten sich glücklich preisen, wenn sie eine freundliche, großzügige Meistersfrau hatten, die auch gut kochen konnte!

»Lehrjahre sind keine Herrenjahre!«

Bei der Gesellenprüfung musste der junge Mann sein erlerntes Wissen und Können vorweisen. Bestand er die Prüfung nicht, oder war er später kein tüchtiger Handwerker, so hieß es missbilligend: ***»Lass dir doch dein Lehrgeld wieder auszahlen!«***

Nach erfolgreicher Prüfung dagegen wurde der junge Geselle ***»freigesprochen«***. Damit waren diverse Bräuche verbunden, zum Beispiel das »Gautschen« bei den Buchdruckern.

Der frischgebackene Geselle wollte natürlich noch viel dazulernen und ging deshalb auf Wanderschaft, »auf die Walz«. ***»Das Wandern ist des Müllers Lust« oder »den soll ich als G'sell erkennen oder gar ein Meister nennen, der noch nirgends ist g'ewest, nur gesessen in sei'm Nest!« – heißt es im Volkslied.*** Auch heute noch sehen wir vereinzelt »Hamburger Zimmerleute« auf der Walz.

Die Vollendung der Ausbildung war der ***Meister, »der sein Handwerk beherrscht«*** und es im Normalfall sein Lebtag lang betrieb und als ehrbarer Bürger gesellschaftlich hoch geachtet war.

Ein Handwerksmeister ohne eigenen Betrieb konnte sich mit viel Tüchtigkeit und Glück etablieren, wenn eine Werkstatt ohne Nachfolger zu übernehmen war oder er die Gunst eines Meistertöchterleins oder einer Meister-

Wolfgang beim Einbau des neuen Dachfensters

witwe errang. Mit zunehmendem Reichtum und Ansprüchen des Volkes entwickelten sich viele weitere Handwerkskünste und Kunsthandwerker. Manche Friseure erlernten zum Beispiel das Perückenmachen und Schmiede und Schlosser bildeten sich zum Goldschmied oder Kunstschlosser weiter.

Ein früher unverzichtbar nötiger Berufskollege stand außerhalb der ganzen ehrbaren Zunft: Der Henker war unehrbar und vom gesellschaftlichen Leben weitestgehend ausgeschlossen.

Das Handwerk hat auch in Musik und Literatur Eingang gefunden, zum Beispiel in Opern wie ***»Zar und Zimmermann« und »Die Meistersinger von Nürnberg« : »Hans Sachs war ein Schuhmacher und Poet dazu«, »Verachtet mir die Meister nicht!«***

Und heute? Vieles hat sich geändert, manche Berufe sind in ihrer ursprünglichen Form verschwunden oder haben sich dem Wandel angepasst, vieles wurde in industrielle Fertigung übernommen, ganz neue Sparten sind dazu gekommen.

In den vergangenen hundert Jahren haben sich die Frauen ihre Freiheit erkämpft, ebenso das Recht zur Arbeit und darum gibt es heute statt dem »Heimchen am Herd« oder »der höheren Tochter«, viele tüchtige Frauen auch im Handwerk, auch als Betriebsleiterin zum Beispiel einer Dachdeckerfirma oder eine Kaminkehrermeisterin. Und wer unlängst die Serie »die Landfrauenküche« im TV gesehen hat, weiß, dass die Gesamtsiegerin eine sehr attraktive und erfolgreiche Metzgermeisterin war!

Wir alle wissen, Fernsehen bildet: Kürzlich wurde ein neuer Handwerksberuf vorgestellt. Der Fassadenkletterer, der überdimensionale Reklameflächen an Gebäuden befestigt und abbaut ... Ich jedenfalls wünsche dem alten und neuen ehrbaren Handwerk einen »goldenen«, auf jeden Fall für die Zukunft einen sicheren und tragfesten Boden unter den Füßen!

Literarisches Frühstück,
September 2009

Auf Schusters Rappen

Erinnern Sie sich noch an das uralte Wanderlied: »Wozu sind die Füße da, zum Marschieren, zum Marschieren in die weite Welt!« Adam und Eva waren im weitläufigen Paradies zu Fuß unterwegs und die Juden bewältigten den langen Weg von Ägypten ins gelobte Land in 40 Jahren zu Fuß!

Die Fortbewegung auf »Schusters Rappen« ist so alt wie die Menschheit. Ein dunkles Kapitel in unserer Geschichte sind die, älteren Leuten noch erinnerlich oder sogar selbst erlebten, Flüchtlingstrecks nach dem Krieg. Wo Abertausende aus den deutschen Ostgebieten mit ihren Kindern und ein paar in Eile zusammengerafften Habseligkeiten fluchtartig die Heimat verlassen mussten. Und die allermeisten waren tage- oder wochenlang zu Fuß unterwegs ... Und heute? Denken wir an die Flüchtlingsströme, (70 Millionen sollen es weltweit sein) die irgendwo eine neue Heimat suchen.

Wir sind heute zunehmend wieder »per pedes apostulorum«, wie der Fußmarsch auch genannt wird, unterwegs, und zwar freiwillig!

Ich denke, die Gründe dafür sind unterschiedlich: Da sich in unseren schnelllebigen Tagen das Tempo fast überschlägt, (die Räder bekamen einen Elektromotor, Autos mit mehreren hundert PS könnten Supergeschwindigkeiten erreichen, fragt sich nur wo, der neueste ICE braust in wenigen Stunden von München nach Berlin und die Flugzeuge düsen an alle Punkte unserer Erde!) Deshalb suchen viele, die sich im Alltags-Hamsterrad mit drehen müssen, in ihrer Freizeit immer mehr nach Entschleunigung. Allmählich setzt sich bei manchen Leuten der Gedanke an Ruhe und Beschaulichkeit durch. Familien mit Kindern machen oft erstaunt die Erfahrung, dass schon vor der Haustür ohne viel »Action« so manches Interessante zu entdecken ist.

Zu den unterschiedlichsten Zielen und Themen werden Wanderrouten in Stadt und Land und Bergen angeboten, mit oder ohne Führung. Eine besondere Art zu gehen findet in letzter Zeit auch immer mehr Anhänger: »Beten mit den Füßen«, das Pilgern. Ob allein oder in der Gruppe, der Jakobsweg oder nur ein Wallfahrtsziel in der näheren oder weiteren Umgebung.

Beim Aufstieg zu Schloss Juval

Fast vergessen ist heute der Brauch des Wanderns der Handwerksburschen, »sich auf die Walz begeben«. Vereinzelt sind sie noch anzutreffen, sogar Mädchen sind dabei. »Wir sind auf der Walz ...« Nach der Gesellenprüfung sind die jungen Leute drei Jahre zu Fuß im In- oder Ausland unterwegs, um in Meisterbetrieben einige Zeit mitzuarbeiten, um dazu zu lernen und sich ihren Unterhalt zu verdienen.

Viele, viele Schritte, schnell oder langsam, bringen Sportler in den unterschiedlichsten Disziplinen zusammen, ob Hürdenlauf oder Marathon. Und alles aus eigenem Antrieb und voller Begeisterung!

Am Pfingstsonntag hatte ich Gelegenheit, drei jungen Burschen, die das Wandern ausprobieren wollten, einen Zeltplatz und Duschgelegenheit anzubieten. Sie reisten per Zug aus Württemberg an und kamen zu Fuß aus Memmingen. Es hat ihnen gut gefallen und sie wollen bald wieder auf Schusters Rappen unterwegs sein.

Und zum Schluss möchte ich die ungezählten, unbeachteten und selbstverständlichen täglichen Schritte der Hausfrauen am Boden sowie treppauf, treppab erwähnen, die unbedankt und in keinem Guinness-Buch der Rekorde aufgezeichnet sind. Sie müssen unbedingt einmal gewürdigt werden!

Dazu passt eine alte Lebensweisheit: »Das Wichtigste im Leben sind ein gutes Bett und ein gutes Paar Schuhe. Steckt man nicht in dem einem, dann steckt man im anderen!«

Literarisches Frühstück,
September 2019

O sancta justitia

Ich möchte rasen, ich möchte rasen,
Bist du wirklich so abgehoben und aufgeblasen?!
Nimm öfter einmal deine Augenbinde ab
und steig in die Niederungen des Alltags herab!
Da werden dir aber die Augen aufgehen
Und du kannst ganz in echt Recht und Unrecht sehen.

Für Geld konnt' sich schon mancher Recht und Unschuld kaufen.
»Die kleinen Diebe hängt man, die großen lässt man laufen«,
Alte Sprichwörter haben es nicht aus der Luft gegriffen,
Römische Staatsmänner (früher) bekunden es geschliffen:
Cato: »Private Diebe fesselt man in Kerker auf Lebenszeit,
Öffentliche gehen in Purpur, Gold und Geschmeid'!«

Die Erkenntnis ist wohl zu begreifen mit dem Verstand:
»Vor Gericht und auf hoher See bist du in Gottes Hand«
»Wer vom Gericht bringt heile Haut,
Der mag wohl jauchzen überlaut«
Darum, Ihr Herren: »Obrigkeit, bedenk dich recht,
Gott ist dein Herr und du sein Knecht!«

Vorbei sind die Zeiten vom kgl. Bayer. Amtsgericht,
Aber heut ist schon arg verschoben manche Tatsachen-Sicht!
Mir kommen gerichtlich abgesegnete Kündigungen in den Sinn,
Da ging es nur um Semmeln, nicht um unterschlagenen Gewinn.
Die Bankpleite-Milliardäre dagegen sind vollkommen schuldlos daran –
Gegen deren Arroganz und »blütenweiße« Weste kommt keiner an.

»Gesetze sollen wie Kleider sein,
Damit genau ***die*** Leute passen rein,
Für die sie mit gründlicher Überlegung gemacht«,
Und jeder merkt: Sie haben es gut bedacht!
Aber – Die meisten Gesetze, sagt Tacitus, ein weiser Mann,
Gibt's in dem Staat, der als der verdorbenste gelten kann.

O sancta justitia ...

Literarisches Frühstück,
Oktober 2009

Wer rastet, der rostet

Wie oft hab ich in den letzten Wochen und Tagen diesen Ausspruch gehört! Liegt es an der Jahreszeit als Appell, um nach dem Winterschlaf die steifen Knochen wieder in Schwung zu bringen? Oder war ich deshalb hellhörig, weil ich mich schon länger mit unserem heutigen Thema befasst habe! Gleich zu Anfang kam mir eine alte Fabel aus meiner Kindheit in den Sinn:

In einer Scheune stand neben vielen anderen ausgemusterten Ackergeräten ein alter Pflug, mit dem in »seinen besseren Zeiten« Jahr für Jahr viele ha Acker umgegraben worden waren. Längst durch moderne Technik ersetzt, war er in seiner Ecke inzwischen von dichten Spinnweben überzogen und rostete vor sich hin. Er haderte ob seiner Nutzlosigkeit und erzwungenen Untätigkeit mit seinem Schicksal und schaute neidisch auf die beiden glänzenden Sensen an der Scheunenwand, die alle Jahre wieder mehrmals beim Zäune ausmähen zum Einsatz kamen.

War doch seine Arbeit viel wertvoller gewesen als dieses bisschen »Gras abschneiden«! Und trotzdem: Er war ausrangiert und vergessen, die Sensen aber wurden immer wieder aktiviert und blinkten in der Sonne.

Auch wenn wir nicht aus Metall sind, wie viel rostet doch bei uns vor sich hin? Körper, Geist und Seele zu fordern und in Bewegung zu bringen und zu halten ist das Gebot der Stunde.

Auf den ersten Blick bemerken wir (natürlich zuerst bei den anderen) die sich einschleichende Ungelenkigkeit der Glieder. Mithilfe vielfältiger Sport- und Fitnessprogramme lässt sich meist erfolgreich dagegen ankämpfen. Schwieriger wird's schon beim Aufmöbeln unserer grauen Zellen. »Im Alter wird man halt vergesslicher«, kriegen wir das öfter zu hören – und sagen es bisweilen auch selber!

Wenn die jahrzehntelange geistige Herausforderung plötzlich fehlt, sollte man sich schleunigst – sofern nicht vorbeugend schon geschehen – um eine Passion, ein Hobby, eine neue befriedigende Aufgabe umtun. Männer müssen ja nicht unbedingt den seit Ehedauer von der Frau geführten, gut funktionierenden Haushalt total umkrempeln wollen! Man könnte längst verschüttete Fremdsprachenkenntnisse wieder aktivieren, eine neue Sprache, ein Instrument lernen, lesen, schreiben ...

Eventuell wäre jetzt Zeit und Gelegenheit, etwas ganz Neues – vielleicht sogar mal was Verrücktes – was man schon lange einmal machen wollte, in die Tat umzusetzen!?

Wer weiß schon, dass Leihomas und -opas sehr gefragt sind? Je nach Neigung und Begabung könnte sich hier ein erfreuliches Betätigungsfeld auftun. Auch Hausaufgabenbetreuung und Nachhilfe können kleine Wunder bewirken und öffnen für beide Seiten neue Ausblicke ...

Es gibt unendlich viele Möglichkeiten!

Und warum sollte man nicht sein ganzes Wissen und Können, das auf einmal beruflich nicht mehr gefragt ist, fördernd und unterstützend an Mitmenschen weitergeben? Praktisches und technisches Know-how steht nach wie vor hoch im Kurs. Für reisefreudige Senioren mit Fachkompetenz steht heute fast die ganze Welt als zeitlich festgelegter Einsatzort offen.

Mit Aktivitäten auf so einer sozialen Ebene geraten auch Herz und Gemüt nicht so leicht in Gefahr, hart oder rostig zu werden. Für mich persönlich ist auch unser Literarisches Frühstück ein wirksames geistiges »Rostschutzmittel«.

Natürlich muss jeder sein eigenes Rezept suchen und finden. Eine Anregung hätte ich noch zum Schluss:

> Wenn sich in der Zeit der Besinnung
> der Teppich des Lebens vor dir ausbreitet,
> jammere nicht über die Webfehler,
> freue dich über die Vielfalt des Musters
> bringe die alten Farben wieder zum Leuchten
> und sieh zu, noch möglichst viele Knoten zu knüpfen.

Literarisches Frühstück,
April 2010

Sich regen bringt Segen

Eigentlich wollte ich in diesem tropischen Sommer unser heutiges Thema schon umändern in »Regen bringt Segen« ...

Aber der Jahresausflug unserer Literatengruppe ins Kloster Benediktbeuern hat mich durch Atmosphäre und Führung klar erkennen lassen, es stimmt: Sich regen bringt Segen!

Die von Don Bosco 1859 gegründete Ordensgemeinschaft der Salesianer übernahm 1930 nach einer wechselvollen bewegten Geschichte das fast 1300 Jahre alte Kloster. Nach erfolgreicher und aufwendiger Restaurierung entstand 1988 ein modernes Bildungs- und Gästezentrum »Zentrum für Bildung und Kultur – ZUK« gemäß dem Leitsatz: ***Jugend, Schöpfung, Bildung – heute für morgen.***

Zur Zeit wirken hier auf dem Klosterland 37 Pater und Brüder mit 140 Angestellten und zahlreichen ehrenamtlichen Mitarbeitern und – Innen sehr segensreich auf vielen Gebieten: Modellprojekte des Biotop- und Artenschutzes, Erhalt der Moore, Lehrpfade, Führungen und verschiedenste Kurse, Projekttage für Schulklassen, Kinder- und Jugendgruppen und vieles mehr.

Die Akademie bietet für Erwachsene zum Beispiel Pädagogische Weiterbildung, Fachtagungen, Seminare für wertorientierte Unternehmensführung, sowie Konzerte, Lesungen, Ausstellungen und Märkte an. Außerdem ist es möglich, in einer persönlichen Auszeit die eigene Lebenssituation zu überdenken und zur Ruhe zu kommen.

In dieser wunderschönen Landschaft und vom Geist der Klosteranlage »angeregt« fällt es nicht schwer, den Alltag hinter sich und die Seele baumeln zu lassen.

Was mich ganz besonders beeindruckt hat, ist die Mühe und Fantasie, die hier aufgewendet wird, »schwierigen und gefährdeten Kindern und Jugendlichen«, die zu Hause oder in der Schule nicht mehr klarkommen, ihren Weg zu finden und nicht in ein »Milieu« abzurutschen. In der Gemeinschaft mit »Leidensgenossen« haben sie bei Natur- und Abenteueraktivitäten die Chance, festzustellen, was sie alles können und so auch ein Selbstbewusstsein entwickeln.

Nachbarn beim Bodensieben

Auch jüngeren Straftätern kann vor der Entlassung mit derartigen Wochenendangeboten der Weg zurück erleichtert werden.

Was sich hier in Benediktbeuern regt, bewegt und angeregt wird, bringt wirklich, sofort oder auf längere Sicht, direkt oder indirekt reichen Segen!

Ein bekannter Leitspruch Don Boscos lautet: »Fröhlich sein, Gutes tun und die Spatzen pfeifen lassen.« In Benediktbeuern hab ich noch einen weiteren gefunden: »Steht mit den Füßen auf der Erde und wohnt mit dem Herzen im Himmel.«

Das Zentrum für Kultur und Umwelt Kloster Benediktbeuern mit seinen attraktiven Angeboten findet großen Anklang. Jährlich nehmen etwa 20 000 Kinder und Jugendliche und 15 000 Erwachsene an den Programmen, Ausstellungen und sonstigen Aktivitäten teil. Um all die umfangreiche Bildungsarbeit dauerhaft weiterführen zu können, ist man trotz öffentlicher Zuschüsse und Teilnehmergebühren auf Spenden angewiesen. Und deshalb unterstützen schon seit 1988 verschiedene Stiftungen, Unternehmen und Privatpersonen diese segensreiche Bildungseinrichtung.

Hier aktiv zu sein heißt auch: ***Sich regen bringt Segen.***

Deshalb möchte ich noch kurz anmerken, dass schon jahrelang zu Weihnachten auch eine Spende unseres Literaturkreises nach Benediktbeuern geht.

Literarisches Frühstück,
September 2018

Menschen, die man nicht vergisst

Von Geburt an begleiten uns normalerweise neben den Eltern viele unterschiedliche Menschen auf unserem Lebensweg. Nach dem Kindergarten sind wir mehr oder weniger lange Jahre während Schul- und Studienzeit mit Lehrerinnen und Dozentinnen auf dem Bildungsweg unterwegs.

Ich möchte aus dieser Zeit zwei unvergessliche Beispiele nennen. Beim Übertritt in die Oberrealschule, (heute Gymnasium) mit gemischten Klassen, kamen auch vier junge Assessoren an die Schule. Unser weltlicher Religionslehrer bearbeitete im zweiten Jahr über mehrere Wochen sein scheinbares Lieblingsthema »Die Sitten und Gebräuche in biblischer Zeit für die Frau vor und nach der Geburt«. Wir waren damals 13 oder 14 Jahre alt. Ich kann mir bis heute nicht erklären, warum immer ich das Opfer war, das in jeder Religionsstunde als erste aufgerufen wurde, um dieses, für mich unsagbar heikle Thema, zum wiederholten Male neu zu beleuchten. Beim vierten oder fünften Ausfragen stand ich nur mehr stumm da und gab auch auf wiederholtes Nachfragen des Lehrers keine Antwort mehr. Die Note war klar!

Nach mehreren derartigen Situationen und trotz der Einser in schriftlichen Arbeiten stand in drei Zeugnissen »Religionsnote: 4«! Wie hätte ich mich wehren sollen? Als Kind war der Lehrer damals eine fast unfehlbare Respektsperson und die Eltern hatten auch nicht das Gegengewicht wie heute! Bei der Suche nach einer Internatsschule bekam meine Mutti des öfteren zu hören: »Die Religionsnote gibt zu denken!«

Diese Schikane schmerzt mich noch heute und dieser Sadist bleibt mir bis heute in sehr schlechter Erinnerung!

Einer der vier Assessoren wurde unser Klasslehrer in den ersten Jahren, der perfekte Glücksfall! Von Anfang an war er der Lieblingslehrer von uns Mädchen und Buben. Schon in der ersten Stunde schuf er klare Verhältnisse: Was er von uns erwarte und was wir von ihm zu erwarten hätten. Und es war eine gute, erfolgreiche und auch lustige Zusammenarbeit in den drei Jahren. Er unterrichtete Deutsch, Geschichte und Erdkunde. In Deutsch lag ich auf derselben Linie, Geschichte breitete er vor uns aus, als wäre er selber dabei gewesen. Für damalige Verhältnisse war er in den Ferien schon weit in fernen Ländern unterwegs und ließ uns begeistert mit Erzählungen und Bildern an seinen Reisen teilhaben. Einmal in den großen Ferien begleitete er eine von den Schülern geplante und organisierte einwöchige Radtour an den Chiemsee, das allein war schon ein unvergessliches Erlebnis, ich durfte auch mitfahren! Für ihn war »Lehrer sein« Berufung. Absolut gerecht, streng, wo es notwendig war, vermittelnd, humorvoll, ein Ideal von einem Lehrer. Mit ihm und seiner Familie blieb ich mit meiner Familie bis zu seinem Tod verbunden. Er bleibt mir unvergessen!

Angelina geht zum Ball

Angelina, ein junges, hübsches Mädchen,
Fast die brävste hier im Städtchen,
hat die Idee – so auf einmal,
Sie will heuer zum Maskenball!

Wie es jetzt bei der Jugend Brauch,
Alleine gehen möchte sie auch!
Wie die Eltern das wenden und dreh'n,
Irgendwie ist's zu versteh'n.

Vater und Mutter treibt die Sorge um:
Was ist hier erfolgreich zu tun,
Welches Kostüm ist zu benützen,
Um sie vor Gefahren zu schützen?!

Eiserne Rüstung von einem Ritter?
Viel zu heiß, das wär doch zu bitter!
Als Nonne, wie in einem schwarzen Sack?
Das verstößt gegen den guten Geschmack!

Plötzlich geht ihnen ein Himmelslicht auf –
Über den Namen kommen sie drauf!
Angelina – Engel, das passt ja wunderbar:
Weißgekleidet, flügelbewehrt sogar!

Perfekt als Himmelsbote ausstaffiert,
Angelina am Ballabend in den Saal stolziert.
Vom schönen Platz aus kann sie sehn,
Wie sich all die Freundinnen im Tanze dreh'n.

Das erste Glas Wein ist schnell schon leer –
Angelina versteht die Welt nicht mehr!
Alles streift sie mit bewundernden Blicken.
Aber keiner will sie beim Tanz an sich drücken.

Sie tröstet sich mit dem zweiten, dem dritten Glas –
Da plötzlich – Krach bum, was war jetzt das?
Vom Stuhl gerutscht ist das brave Engelein.
War es doch etwas zu viel irdischer Wein?

Das Kleid voller Flecken, ein Flügel abgebrochen,
Egal, jetzt haben sie alle angesprochen.
Tänzer gibt es nun genügend, schaut doch, schaut:
Nur an den heilen Engel hat sich keiner hingetraut!

Literarisches Frühstück,
Januar 2009

Liebe kennt kein Alter

Heit hoast's bei uns, Liebe soit koa Alter kenna –
Da ko ma doch bestimmt vui Beispui nenna?
Bei »Liebe« denka doch de allermeistn ans Heiratn glei,
Ja, nacha san ma do aa sofort voll mit dabei.
Ois Heiratsregel für Madl hat früha goitn:
»Nimm an Oidn, bei dene is ma guat g'haltn!«

Frühzeitig, scho im Sandkastn vasprecha sich oa ewige Trei –
Aba bis zur Hochzeit kema bestimmt no a poor andre vorbei.
Mancha ABC-Schütz hat an's »Schuifreilein« sei Herz valorn,
Er mog nia mea im Lebm a andere, des hot er si g'schworn.
Und des Vasprecha vagißt a Mo aa seina Lebtag nie:
»Papa, wenn i amoi groß bin, nacha heirat i di!!«

Wia g'sagt, früha warn d'Männer älter, so war's da Brauch,
Aba wia so vui heit, ändert si des mit da Zeit auch.
A Frau, vawitwet oder g'schiedn, in den »besten Jahren«
Wui d'Liab vielleicht no amoi nei – mit am ganz Junga – erfahren.

D' Edith Piaf hot am End vo ihrm Lebm aa no ihrn Theo vawöhnt.
Und er hot ihr dafür aufopfernd de letztn Johr vaschönt!
»Wie man heute liebt«, erfahrst aus da Presse vom »Regenbogen«,
Do steht ois drin, echt wohr, verbürgt und **ungelogen!**

Dass da 106-jährige Heesters sei Simonerl liebt so sehr –
Und die Simone liebt ihrn Joopie no vui, vui mehr.
Dass da »Loddar« scho wieda a ganz a Neie, ganz a Junge hätt',
Is mit seina Liliana wirklich aus jetz? – Na, na, is doch des a Gfrett!
Und gor da italienische Staats-Schwerenöter, da Berlusconi,
Sammelt's glei' dutzendweis, d'Rubi, Antonia, Marcella und Moni,

Aba ganz ehrlich, des fremde Liabslebm is doch für uns nichtig,
Dass bei oam selba passt und stimmt, des alloa is oanzig wichtig!
Bei dene vuin Ehejubiläen heitzutag mit 50, 60 und no mehr Johr –
(Ob seit Sandkastn, Tanzstundn oder Festwochab'suach) is des wohr –
Do hot d'Liab g'hoitn, hot's unterm Dach aa öfter amoi brennt,
So is einwandfrei bewiesn, **dass d'Liab lebenslang koa Alter kennt!**

Literarisches Frühstück,
Mai 2011

Liebe –
Tag und Nacht

Morgens kann ich nichts essen – weil ich an dich denke,
Mittags kann ich nichts essen – weil ich an dich denke,
Abends kann ich nichts essen – weil ich an dich denke.
Und nachts kann ich nicht schlafen – weil ich Hunger habe.
Tausendfache Erfahrung

Literarisches Frühstück,
Mai 2022

… Zum Thema Liebe …
Gesammelte Erkenntnisse

Häufig vergießen Mädchen Tränen,
weil sie den Geliebten nicht bekommen sollen,
später weinen sie dann nächtelang, weil sie ihn haben.

Zum Heiraten gehört mehr Mut
als zu einer gefährlichen Expedition.

Der Verliebte fordert alles und gibt nichts,
der Liebende gibt alles und fordert nichts.

Es gibt nur ein einziges Mittel,
sich über eine Enttäuschung zu trösten;
mit neuen Illusionen zu beginnen.

Ein Mädchen braucht eine lange Erfahrung,
ehe sie wie eine Anfängerin küssen kann.

Literarisches Frühstück,
Januar 2004

Alltag und Besonderes

Ordnung ist das halbe Leben

Da stellen sich mir sofort zwei Fragen: 1. Was ist Ordnung? 2. Was ist die andere Lebenshälfte?

Blitzschnell erscheint vor meinem inneren Auge das Bild eines »ordentlichen Schulmädchens« zu meinem Schulbeginn in der Nachkriegszeit: Die Zöpfe straff geflochten, ein sauberes Kleid, darüber eine ebenfalls saubere, perfekt gebügelte Schürze, glattgezogene Strümpfe und geputzte Schuhe. Dieses Outfit wurde vor dem Schulweg einer Prüfung unterzogen, damit das Kind ein »anständiges, ordentliches« Erscheinungsbild abgab!

Heute, meine ich, wird der Begriff Ordnung vielschichtiger gesehen und definiert. Es gibt nicht nur die eine Ordnung, es gibt die innere, die äußere und noch diverse andere. Und außerdem gibt es neben der »heiligen Ordnung, der segensreichen Himmelstochter«, wie sie in der Glocke gepriesen wird, auch noch andere wichtige Dinge im Leben!

Ordnung – wer hat sich da nicht schon Gedanken dazu gemacht!

Robert Lemke meinte, Ordnung – ist das Durcheinander, an das man sich gewöhnt hat.

Die Basis einer gesunden Ordnung ist ein großer Papierkorb (Kurt Tucholsky).

Menschen, die davon leben, etwas in Ordnung zu bringen, haben nichts dagegen, wenn es drunter und drüber geht (William Hazlitt).

Albert Einstein: Jede Ordnung ist der erste Schritt in ein neuerliches Chaos.
Herbert Wehner: »Die politische Aufgabe der Bundesrepublik Deutschland lautet nicht ›Ordnung statt Reformen‹, sondern ›Ordnung durch Reformen‹, auf jeden Fall aber Ordnung!«

Ordnung im Alltag kann man aus verschiedenen Blickwinkeln betrachten:

Einer der Vorteile der Unordnung besteht darin, dass man dauernd neue Entdeckungen macht.

Ordnung ist, wenn man sofort weiß, wo man nicht erst suchen braucht.

Und wenn die Mama den Verhau im Kinderzimmer nicht mehr ertragen hat, kommt bald ein herzzerreißendes Weinen: Ich find überhaupt nichts mehr!

Ein Freund ist eine Person, die die Unordnung in deiner Wohnung übersieht und deinen guten Geschmack lobt.

Auch wenn ich aufräume, es bleibt ja nicht so, schließlich lebe und wohne ich da, jetzt habe ich die Lösung: Ich besitze ein schön gemaltes Schild zum Hinstellen:

Gestern war hier aufgeräumt, schade, dass du es verpasst hast!

Literarisches Frühstück,
Februar 2018

Ramma dua i – z'mindest wui i!

Ramma soit i – jetz, im Frühjahr waar's scho recht –
Beim Gedanken dro wird's mir glei schlecht!
Mein Gott, wo fang i do bloß o?
Fast überoi hängan aa haufaweis Erinnerungen dro!
Es is ja net bloß weng am Aussortier'n heit –
Scho eher wird des a Reise in d'Vergangenheit.

Steht ebba s'ganze Haus auf'm Programm?
O je, des bring i ja in Ewigkeit net zam!
Des müaßt ma aufteil'n in an Plan, ganz akkurat,
und Raum für Raum ogeh', sche separat.
Mit System und Kaffepausen zwischennei,
damit's koa Stress wird und ma überlastet sei.

Als a Messie wui i absolut net geitn,
Aber Verschwenda laß i mi aa net scheltn.
Es gibt doch soo vui, was ma no guat braucha ko,
Wenn ma aba z'vui Platz hat, fangt's Malheur scho o.
Keller- und Speicherraum san Versuchung gnua,
do konnst was aufhebn, d'Schranktürn gengan oiwei no zua!

A Ordung muaß ma hobn und a guats Gedächtnis dazua,
na bringt oin beim Suacha nix so schnell aus da Ruah!
Aber i soid net philosofiern, sondern eigentlich ausmistn,
dann muaß is hoid opacka nochananda, de Schränk und Kistn.
Was ma ois finden ko, net bei mir, woanders beim Ramma auf Erden:
»Schnüre, zu kurz, um noch verwendet zu werden!«

Schlafzimmerentrümpelung

Der Kleiderschrank bietet scho lang a Trauerspui,
i hob nix zum Oziagn, aba drin hangt vui z' vui
»Alles, was man seit drei Jahren nicht getragen,
muß unbedingt raus«, so hört man sagen.
Da Sieg auf da Waage, des waar a echter Triumpf,
na könnt's sei, dass i vielleicht doch wieda eineschrumpf!

Im Keller drunt, an Haufa uroide lange und kurze Stöck und Ski,
alle sans no pfenningganz, neideitsch »out« hoid, koa oanziga is hi,
beim Nostalgierenne waarn's bestimmt a super Schau,
aba jetz miassn's definitiv naus, des woaß i genau!
Trotz zwoa neie Knia wer i koane groẞn Sprüng mea macha,
d' Nordic-Walking-Stöck san doch a bißl ungfährlichere Sacha.

Des sieg i scho, mit deara Rammerei komm i heit nia an a End
Dafür hob i, so scheint's, jetz grod a zwoa linke Händ.
Wenn ma was guat macha wui, geht's nur mit Begeisterung,
Und fürn Keller fehlt ma momentan echt der richtige Schwung!
Außerdem hot da Radio für morgn a scheens Gartenwetter o'gsagt,
I schwörs mia, am nächsten Regntog wird's große Ramma o'packt!

Ramma damma – wir räumen.

Literarisches Frühstück,
April 2015

Aus Küche …

Braune Soße

Ungelog'n is', echt und wirklich wohr,
Fast aufn Tog vor genau 50 Johr
Hob' i meine erstn beruflichen Schritte g'macht:
Lehrling in der ländlichen Hauswirtschaft war angedacht!

Mei Chefin war a nordische Gutsverwalterfrau,
G'schlacht hamma im Johr a poormoi a fette Vier-Zentner-Sau.
Wegg'schmissn hot ma bloß Klauen, Darminhalt und de obg'schabten Hoor.
Ois andre ist verschafft worn in Wurscht und Pressack ganz und gor!
Handdicke Speckseit'n hamma g'suhrt und g'reichert,
Statt Fleisch hot ma damit oft 'Mittagess'n bereichert:
Eig'schnittne Speckscheib'n, ausg'lassen und net vabrennt,
Inoffiziell ham's mir »Ratzenschwänz« g'nennt!

Ja Sparsamkeit, fast scho Geiz, war oberstes Gebot,
Kocht hamma alle Tog wia in da allergrößt'n Not.
Elektrokühlschrank hot's bei uns no koan geb'n zu damaliger Zeit,
Jeden Montag hot ma d'Eisblöck' g'hoit, gar net weit
Mit'm Leitawagerl von da betriebseigenen Brauerei.
Ja, Vorratshaltung, des war damois scho dabei!
Im Eisschrank war dann Plotz zum a poor Tog was aufheb'n,
Trotz de 20 Leit zum Ess'n hot's ab und zua doch Reste geb'n.

Am Samstag hot ma dann regelmäßig an Eisschrank durchg'schaut
Wia ma de Wochen-Reste am best'n ins Essen eibaut!
Für a dunkle Einbrennsoß' hot ma wia immer fest g'schürt
Und ois Fleisch und Wurscht und Pressack nacha einig'rührt.
Dazua Soizkartoffe, Gmüas oda an grüna Salat –
Und scho war des Samstagsmenue für alle parat!

Bloß de Hitz' in dem Sommer, des war a echte Plog:
Und s'Eis hot hoit nur g'hoitn bis zum Donnerstog.
Vielleicht hot des Fleischzeug desweg'n scho fast a bisserl g'schmeckt,
Na, na, des derft's net glaub'n, es war g'wiß no net ver ...!
Aba i als Wochenköchin woit des wirklich net selber auftrog'n,
Do hob i denkt, liaba tuast amoi zur Sicherheit d'Chefin frog'n.
I hob mi dumm g'stellt und nur g'sagt: »Und was jetzt?«
Na hot's mi auf da Stell' in Gart'n hintre g'hetzt:

An ganz'n Arm voi Maggikraut hob i zuarag'schleppt,
Mit »Liebstock«, g'waschn, g'schnittn, dünst' hot sie d'Soß' na aufpeppt,
Außer'm Maggikraut hot ma gor nix mehr g'schmeckt!
I hob's dann doch auftrog'n und hob mi nimmer g'schreckt.
Als Versicherung für mi hob i zur Entschuldigung vorbrocht:
»Heit, heit hot d'Chefin ausnahmsweis selber amoi kocht!«

Richtig guat kocha g'lernt hob i dann im nächst'n Johr,
Wo i in der Lehr auf am echten bayerischen Bauernhof war!
»Ratzenschwänz und braune Soß«, hob i mir damois g'schworn,
San bis heit nia a Punkt auf mei'm Speisezettel worn!

Grillen auf der Terrasse

... und Keller

In der Dorfmitte stand das Haus, das der damalige Landarzt Dr. Müller bewohnte. Da der Arzt eine größerer Familie hatte, war es praktisch, beim benachbarten Bauernhof die Milch zu holen. So konnte man sich den weiteren Weg zur Käsküche sparen.

Da die Bauersleute entgegenkommend waren, wurde vereinbart, dass die Enkeltochter, die ebenfalls auf dem Hof wohnte, täglich die gewünschte Menge Milch ins Doktorhaus bringen soll. Eines schönen Tages bringt das Mädchen wesentlich mehr Milch als gewohnt.

Die Frau Doktor fragt: »Ja Dorle, warum bringst du denn heute gleich so viel Milch?«

Darauf erwidert das brave Mädchen: »Heut Nacht isch im Keller dunt a Maus in da Millschüssel versoffe.« Dann hat Großmutter g'sagt: »Nimm alle mit, wenn ma nix weiß, na denkt ma nix.«

Wahre Begebenheit aus dem Allgäu.

Lehrzeit 1957
Literarisches Frühstück,
September 2008

ſ' richtige Tringa

Heit is des richtige Tringa aa scho a Problem,
Da Durscht gar a Wissenschaft, des is net schön!
1 ½ Liter Flüssigkeit mindestens an jedem Tog,
Derf i dann aa tringa, was i gern mog?!
Bloß mit Prozente, des geht ja gor net,
G'sund muaß scho sei, i bin ja net bled!
Die Angebote in de Läden, regalweis' – a Schau,
Was soll ma da nehma, da wer i net schlau:
Alle Sorten Obstsaft, regional und aus aller Welt
Dad'n mi scho locka und kosten an Haufa Geld.
Aber überall is vui z'vui Zucker drin,
Für mei G'sundheit is des wirklich koa G'winn!
Mineralwasser mit Spuren, von spritzig bis still –
Da hob i die Qual der Wahl, bis i find, was i will.
Im Reformhaus gäb's jede Menge Teesorten aus Fernost,
Dahoam aus Blüten, Kräutle und Wurzeln für Freude und Trost.
Wassertrinkbrunnen auf da Wiesn gibt's aa seit heia,
Trinkwasser statt Alkohol, sogar umsonst, statt teia!
Irgendwie hob i's bereits im stillen geahnt –
Beim Forum in Kempten is sogar scho oana plant!
I bleib aa bei dem, was i scho lang mach,
Unser Wasser aus da Leitung, des is hoit a Sach:
Dann g'schprudelt mit eigenem Saft oder pur –
Es geht nix über's Allgäuer Wasser, rein aus der Natur!

Literarischer Frühstückl,
Oktober 2023

Modenschau bei Mode Adler

Bei Adler war huit Modenschau!
Iatz send mia informiert genau:
Was Dame, Herr und Kind von Wealt
So a'ziagt, wenn's ebbs auf sich healt.
Wia doch dia Mode weitverzweigt –
Hot ma eis huit auf'm Laufsteg zeigt!
Manche »Frau von Format« dia heart ma klaga,
Sui fänd so schleacht ebbs »Reachts« zum traga.
Bei Konfektionsgröaß 48 und drüaba
Do vaschweigt ma scho dia Zahl glei liaba!
Aba vorbei isch iatz mit deam Vadruss:
Beim Adler geits nur meah »42 plus«.
I glaub im Nama vo Uib alla
Derf i saga, es hot eis huit reacht guat gfalla!
Für Anregung, Unterhaltung, Speis uind Trank
Saga ma eisra allerbeschta Dank!
Mia kommet wieda – gar koi Frog –
Und wünschat ui no viele erfolgreiche Namittog!
Oins hot eis huit no gfreit ganz fescht:
Mia waret iatz au a mol Premieragäscht!

Leben in Farben und Formen

Nach der Festlegung auf das Thema »Leben in Farben und Formen« sah ich als ersten Gedanken nur eine schwarze Wand. Dann fiel mir Picasso ein: Schrille Farben und abstrakte Formen! Aber je mehr ich mich mit dieser »Farb-Form-Kombination« beschäftigte, um so mehr spaltete sich das Thema auf:

Alles im Leben, alle Begriffe haben wir im Hinterkopf mit Farben oder Formen oder mit beidem verknüpft.

Vielleicht erinnern Sie sich noch an die Fernsehsendung »Die Montagsmaler« vor ca. 25 Jahren! Da ging es darum, einen wörtlich vorgegebenen Begriff so schnell und knapp wie möglich zeichnerisch in eine Form zu bringen.

Bestimmt hat jeder von uns bei Wörtern wie zum Beispiel Ball, Stern, Tannenbaum, Leiter, Stuhl, Tisch, Igel, Katze usw. sofort eine arttypische Form vor seinem inneren Auge. Das ist so selbstverständlich, dass es uns gar nicht bewusst ist.

Unterschiedliche Formen gibt es auch entsprechend den Landstrichen. Ein Beispiel dazu aus meiner Küchenpraxis: Als ich vor Jahren ins Allgäu kam, bezeichnete man meine bayerischen Brätnockerl als Brätknödel. Mein Küchenlatein kam total durcheinander – für mich hatten Knödel rund zu sein!!

Und seit Kirchweih weiß ich, dass auch die Kirchweihnudeln, hierzulande »Kiachle« genannt, in manchen Gegenden konfessionell unterschieden werden: Die katholischen sind rund, die evangelischen sind viereckig!

Natürlich gibt es wichtigere Formen im Leben: Ich denke zum Beispiel an Lebensformen (Familie, Single-Dasein, Wohngemeinschaften, Leben im Kloster ...) oder Umgangsformen (man spricht von guter Kinderstube, gesellschaftlichen Gepflogenheiten – Herr Knigge lässt grüßen!).

Ein Blick auf die Farben zeigt mir, dass es damit bereits bei der Geburt beginnt. Landläufig werden Babymädchen in Rosa, Babybuben in Hellblau gewandet.

Auch manche Berufe haben ihre eigenen Farben: Der Kaminkehrer ist schwarz, der Arzt ist weiß oder grün, der Sanitäter ist weiß oder rot, Förster und Polizei sind grün, Straßenkehrer und Müllabfuhr sind orange, Müller und Bäcker sind weiß.

Im öffentlichen Leben geht es auch recht farbig zu, denken wir nur an unsere Parteienlandschaft, nicht gerade Regenbogen, aber doch ziemlich bunt: Schwarz, Rot, Grün, Gelb, Grau (wie Panther) und neuerdings wieder bräunlich! Politiker, von Ausnahmen abgesehen, präsentieren sich in der Masse dagegen oft recht farblos!!

Da befassen wir uns lieber mit Farbschattierungen der menschlichen Zustände: Wir erröten vor Freude, erblassen vor Schreck, schweben auf rosa Wolken, erleben die ganze Welt himmelblau, leben mit dem grünen Daumen, werden hoffentlich nicht gelb vor Neid und bemühen uns, nicht zu oft schwarz zu sehen.

Elisa mit Lego

Farben spielen auch im Märchen und Liedern eine Rolle: Bei Schneewittchen fällt uns spontan die richtige Farbkombination ein: Schwarz wie Ebenholz das Haar, weiß wie Schnee die Haut und rot wie Blut der Mund. Schneeweißchen und Rosenrot waren nach den Rosenstöcken im Garten vor dem Haus benannt. Die goldene Gans, das schneeweiße Hühnchen und Rotkäppchen brauchen keine weitere Erklärung.

Musikalisch hat Paul Kuhn vor Jahren die Farben verarbeitet: »Statt Weiß trag Rot, das ist die Farbe der Liebe, dann weiß der Mann gleich Bescheid – wenn du eifersüchtig bist, trage Gelb wenn er Dich küsst, oder zieh' mal Lila an, dass er nichts erraten kann ...«

Schon viel früher entstand das Lied von der »Schwarzbraunen Haselnuss« und wie oft wurden die grünen Täler und Wälder und die blauen Berge bedichtet und besungen, nicht zu vergessen Gold und Silber, die Blauen Dragoner, die Bunten Fahnen, den Gelben Wagen, den Schwarzen Walfisch zu Askalon und die Grauen Mauern der Städte ...

Meine Lieblingsfarben und Formen sehen so aus:

Wenn ich an einem sonnigen Sommertag vors Haus gehe, den bunten Blumenteppich der Wiese vor mir ausgebreitet sehe, dahinter die dunkelgrün gezackte Silhouette des Waldes, in der Ferne grau schimmernd die Bergkette und darüber türmt sich ein riesiges weißes Wolkengebirge in den sattblauen Himmel – dann freu ich mich von Herzen über mein Leben inmitten der heimatlichen Farben und Formen!

Literarisches Frühstück,
Oktober 2004

Man muss die Feste feiern, wie sie fallen

Als Fest nicht geplant, doch es wurde eins draus,
Im Sommer bei mir, auf der Terrasse, nach Süden hinaus.
Wir »LF-Mädchen« haben montags und freitags niemals Zeit,
einfach zum »Ratsch'n«, und das tut uns sehr leid!

Corona hat uns ohnehin schon fast zwei Jahre getrennt –
Höchste Zeit für ein Treffen, eh man sich gar nicht mehr kennt.
Herrlicher Sommer, im August wollen wir es dann angeh'n
Und freuen uns alle auf ein frohes unbeschwertes Wiedersehn!

Gemeinsamer Termin wurde gefunden, Einladungen verschickt,
»To-do-Liste« erstellt, einiges scheint noch etwas verzwickt.
Tischkärtchen wurden gemalt und die Platzdeckchen gebügelt,
Plötzliche Ideen haben die Phantasie noch weiter beflügelt!

Die holprige Terrasse stand schon länger bei mir auf dem Plan,
Drum im Mai Platten neu verlegt, dass man sicher gehen kann.
Erneut gestrichen wurden die Bank, die Stühle und der Tisch,
Zum Empfang soll's schön sein, so richtig gemütlich und frisch.

Als Nächstes kamen der Speisezettel und die Getränke dran:
Nicht allzu aufwendig, damit man auch gut vorbereiten kann.
Gläser, Geschirr, Besteck, hübsche Servietten bereit gestellt,
Ach ja, und die Luftballons für die »Kindergeburtstagswelt«!

Hilfe wurde angeboten und ich hab sie auch angenommen:
Traudl ist bereits am Vormittag zum »Fronteinsatz« gekommen,
30.8., pünktlich 14 Uhr 30 sind alle gemeinsam angerückt,
Mit viel Vorfreude und diversen Geschenkchen bestückt.

Wer noch nie da war, hat begeistert meine Aussicht bestaunt,
Gesprächsstoff gabs genug, die Unterhaltung war gut gelaunt.
Der »Eiskaffee nach Art des Hauses« kam auch diesmal gut an –
Der Hitze wegen zerknallte ein Luftballon so dann und wann.

Später servierte Christine ihre »Brownies« zum bunten Obstsalat.
Genug gesessen, so machten wir uns zum Spaziergang parat.
Sechs junge Nachbarn experimentieren jetzt in meinem Garten:
Alles wächst XXXL und jedes Jahr ist wieder Neues am Starten!

Maria, die Hauptgartenfee, war für uns die perfekte Führerin,
Sie erlaubte auch einen langen Blick in ihr Tiny-House – drin.
Auch die große Jurte wurde gebührend bewundert, von außen,
Nach dem Saunagang kann man nebenan kalt duschen, draußen!

Die Einsiedelei auf meinem Berg ist echt ein kleines Paradies
Und so empfanden es meine Gäste auch als ein Erlebnis,
Die Stadt im Rücken, vor uns Wiese, Wald, Berge, Wolken, Himmel,
Absolute Ruhe, die Straße weit weg, kein Verkehrsgetümmel!

Wir lebten alkoholfrei, nur Gänsewein und Saft selbstgemacht,
Unser Zusammensein, Spaß und Sommernachmittagspracht.
Zur Stärkung für den Heimweg gabs noch Haus-Pizza viererlei,
Und dann war dieses »einmalige Treffen« schon wieder vorbei!

Sooo können wir das aber nicht einfach stehen lassen,
Und drum galt es, schnellstens einen Entschluss zu fassen:
Es war so wunderbar, es war so wunderschön –
Drum werden wir uns sicher nächstes Jahr hier wiedersehn!!!

Literarisches Frühstück,
Oktober 2022

Wir »Literaten-Mädchen« bei unserer Sommerrunde.

Die Auer Dult

»Ich liebe dich.« Wo steht geschrieben, dass das nur zwischen Menschen gilt?

Am 1. Mai hörte ich im Bayerischen Rundfunk eine Sendung, die eine echte Liebeserklärung an ein jährlich wiederkehrendes Ereignis war: Die Auer Dult in München!

Dieses beliebte Stadtteilfest gibt es seit 1310, zuerst am Anger, seit 1905 am Mariahilf-Platz. Das ist eine gemütliche neuntägige Veranstaltung, die Anfang Mai, Ende Juli und an Kirchweih stattfindet und immer wieder tausende treue Besucher, Alte wie Junge anzieht. Die älteren Semester kommen mit ihren Enkeln und die Enkel bringen auch schon wieder ihre Kinder mit: Man liebt sie halt, die Auer Dult – schon seit Jahrhunderten!

Da gibt es vieles zu bestaunen und bewundern und der eine oder andere bemerkt verdutzt, dass so manches, was man vor Jahren achtlos als Speicher- oder Kellergerümpel entsorgt hat, hier interessierte Käufer findet!

Neben vielen Ständen mit Geschirr, Antiquitäten, Küchenwunderdingen, Kitsch und Kunst, Schieß- und Wurfstationen, sowie Imbissständen sticht unter den zahlreichen Fahrgeschäften ein besonderes Highlight hervor: Das »Russenrad«, oder die »Russenschaukel«, wie sie anfangs genannt wurde, war der Vorläufer des Riesenrads, und tatsächlich einmal das größte Riesenrad Deutschlands. Es ist 14 m hoch, wird mit Salzwasser in Gang gesetzt und mit Strom weiterbetrieben, hatte 1925 auf der Auer Dult Premiere und die dazugehörige Orgel spielt noch im Originalzustand ihre beliebten Melodien.

Viele Geschichten gab es im Lauf der Jahrzehnte um die und in der romantischen Schaukel. Eine Fahrt im kleinen Riesenrad ist nach wie vor sehr begehrt bei verliebten Leuten. Der Betreiber, Herbert Koppenhöfer, kann so manche Begebenheit erzählen:

»Vor etlichen Jahren kam eine ganze Hochzeitsgesellschaft nach der Trauung zur Auer Dult, alle fuhren eine Runde mit, da haben wir unsere Konzertorgel eingeschaltet und das frisch vermählte Paar hat davor den Hochzeitswalzer getanzt. Und heute haben sie drei Kinder und kommen jedes Jahr wieder.«

Seine Lieblingsgeschichte ist aus den 1960er-Jahren: »Da hat mein Vater ein Paar zusammengebracht: Eine junge Frau saß bereits in einer Gondel. Aber damit alles im Gleichgewicht war, musste noch eine Person dazu. Darum platzierte mein Vater einen jungen Mann zu ihr auf die gegenüberliegende Bank. Die beiden kamen jedes Jahr am Tag ihres Kennenlernens wieder her und heuer haben sie goldene Hochzeit gefeiert!«

Alte Liebe rostet nicht, wer wollte das bestreiten?!

Literarisches Frühstück,
April 2018

Gelotologie
Lachen ist gesund – gesünder als Jogging

Wissen Sie, was ***Gelotologie*** ist? Eine ernsthafte medizinische Disziplin, Lachforschung!!!

Lachen ist nicht nur hoho, haha oder hihi, sondern ***Medizin!***

Herausgefunden wurde diese Erkenntnis an der berühmten amerikanischen Stanford-Universität und es ist kein Witz! Ein herzhaftes ***zweiminütiges Lachen*** tut dem Körper so gut wie eine ***dreiviertel Stunde Jogging*** oder Walking, ist also ***inneres Jogging***. Immerhin bewegt man beim richtig ***»Schlapplachen«*** bis zu 80 Muskeln.

Lachen beeinflusst Herz und Kreislaufsystem ***positiv***, man atmet aus dem Bauch heraus, die Lunge bekommt mehr Sauerstoff, Cholesterin wird abgebaut, der Blutdruck kommt ins Lot und die Blutgefäße werden weich und elastisch.

Forscher haben dies mit der ***Wirkung von Filmszenen*** auf zwei Gruppen gesunder Testpersonen nachgewiesen: Die Gefäße der Zuschauer einer Filmkomödie entspannten sich und ließen deutlich mehr Blut in den Adern pulsieren. Das Gegenteil geschah, als der anderen Gruppe ein grausamer Kriegsfilm vorgeführt wurde. Die Blutgefäße verengten sich und bremsten die Zirkulation.

Wahrscheinlich ist auch die langfristige heilsame Auswirkung des Lachens auf das Herz-Kreislaufsystem. ***Lachen*** ist aus der Sicht der Wissenschaftler ein ***Fitnessprogramm***, das sowohl der ***Seele*** als auch dem ***Körper*** gut tut: Es lockert die Muskeln, befreit von aufgestauten Emotionen, setzt Glückshormone frei. Lachen löst Stress auf und bringt das Immunsystem in Schwung. Schon die ***Vorfreude*** auf ein lustiges oder komisches Ereignis hat einen ***positiven Gesundheitseffekt***.

Und wenn grad kein äußerer Anlass zum Lachen gegeben ist, dann ***lachen wir*** halt auch einmal ***über uns selber, anstatt uns zu ärgern!***

Gelegenheit dazu gäbe es oft genug.

Und heute tun wir ganz bewusst etwas für unsere Gesundheit, heute wollen wir lachen!

Literarisches Frühstück,
Februar 2014 und 2017

Für mich war es fabelhaft

Zum Wochenmarkt war ich einmal unterwegs vor Jahren,
Um Pflänzchen für die Frühjahrsbestellung bin ich gefahren.
Mittwochs und samstags gibt's noch weniger Parkplatz in der Stadt,
Ein Glück, wenn die Tiefgarage noch ein freies Eckchen hat!
»Pass' auf, fahr' vorsichtig«, wurde ich regelmäßig ermahnt –
Ist eigentlich klar, dass man für unterwegs keinen Unfall plant!

Im Sparkassenhaus fand ich wirklich für mich die allerletzte Lücke:
Breit genug, wie für mich gemacht, das nenn ich aber mal echt Glücke.
Tasche, Geldbeutel, Einkaufskorb, Zettel – auf zum Hildegardplatz.
Kohlrabi-, Salat-Lauchpflanzen, Steckzwiebel, das geht ratzfatz,
Noch einige Geranien und Fuchsien für die Schalen vor dem Haus,
Für heute reichte es, im Korb ging mir allmählich der Platz schon aus.

Schnell zurück zum Auto, zum Mittagessenkochen wurde es höchste Zeit.
Unterwegs kramte ich nach dem Autoschlüssel, ich hab ihn gern griffbereit.
Wo hat sich dieses Luder nur wieder in der Einkaufstasche versteckt?
Auf einer Parkbank setzte ich alle Einkäufe ab und machte die Suche perfekt:
Ich leerte die Tasche komplett aus, durchwühlte auch alle Fächer und Falten,
Sezierte den Korb mit Grünzeug und spürte langsam Schweiß, einen kalten!

Du lieber Gott, hilf mir, was mach ich denn in meiner Verzweiflung bloß?
(Handys gabs ja vor 30 Jahren noch nicht) – im Hals saß mir ein dicker Kloß.
Auf jeden Fall musste ich meine Siebensachen wieder zusammenräumen,
Erstmal zurück zum Auto und unterwegs von einem Wunder träumen!
Meine Gedanken purzelten auf der Suche nach einer Lösung wild rundum,
Die Schritte zum Auto wurden immer langsamer und dann stand ich
stumm.

Nach gut einer Stunde Markteinkauf, Schlüsselsuche und Seelenpein
Stand ich hinter unserem Auto, rieb mir d Augen:
»Das kann doch nicht sein!«
Mitten auf dem Kofferraumdeckel lag mein Autoschlüssel
und lachte mich an!!!
Mir kam es jedenfalls so vor – ob es sowas in Wirklichkeit geben kann:
Vergessen hab ich dieses fabelhafte Erlebnis bis heute nicht –
Es blieb mein Geheimnis,
der Familie gab ich niemals davon einen Bericht.

Literarisches Frühstück,
November 2015

Der Kurantrag

Hört Ihr Leut' und lasst Euch sagen,
Wie sich's bei mir hat zugetragen!
Im Wochenblatt, da stand zu lesen:
Die Bäuerin sollt durch die Kur genesen!
Ich denke, das tät' mir auch ganz gut
Und stell den Antrag schnell, voll Mut.
Zum Doktor geh' ich, Gott befohlen,
Um ein Attest dafür zu holen.
Begründet ist's auf Kreuz und Herz,
Die mir verursacht so manchen Schmerz.
So ist's geschehen, echt und wahr
1979 im Januar!

Nach vier Wochen frage ich an,
Ob ich vielleicht Antwort haben kann?
Da sagt der Herr von der LAK:
»Bedaure, es ist kein Schreiben da!«
Der Brief nicht dort? Ist nicht zu fassen!
Wo hat man den bloß liegen lassen?
Auf'm Postweg verloren? Das wär doch zu viel!
Alle anderen erreichten ja auch ihr Ziel!
»Wenn Sie flugs schreiben, schnell und frei,
So könnt' es noch klappen bis zum Mai!«

Doch wisset, Ihr Leut, in Maienwochen
Sind wir aus dem Winterschlaf gekrochen ...
(Es gibt in der Stadt gar manche Leut
Die meinen dies ganz ernst noch heut!)
Wenn's grünt und blüht auf allen Wiesen
Und Blümelein und Gräser sprießen,
So heißt's: Auf, auf, marsch, marsch, herbei!
»Da erntet der Bauer das duftende Heu!«

Im Herbst wars wieder im Wochenblatt zu lesen:
In der (Winter-)Kur könnt die Bäuerin genesen!
So denk' ich mir, was ist schon dabei,
Und probier's im Oktober wieder auf's neu!
Der Antrag ward geschrieben, ehrlich, mit Bedacht,
Für ein ruhiges Gewissen bei Tag und Nacht.
(Um vorzubeugen für schlechtere Zeiten,
Heißt's, sich versichern nach mehreren Seiten!
In meinen Fall bei der BfA –
War sowas denn noch gar nie da?)
Bei der LAK man ernsthaft spricht:
»Zu erfüllen ist die Gesetzespflicht!
Wir sind da nicht zuständig fürderhin,
Wir müssen es schicken nach Berlin.«

Im Dezember gar, man hör' und staune,
Ist jemand in Berlin ganz guter Laune
Und lädt mich bald zum Doktor ein,
Zur Untersuchung – ob's nicht nur Schein!
Der Doktor ist ein tüchtiger Mann,
Doch reden man mit ihm kaum kann.
»Als Bäuerin hab ich viel Gerenn'!«
Drauf fragt er mich: »was tun Sie denn?«

Ein Optimist gibt nicht leicht auf!
Vielleicht klappt's doch – ich hoff' noch darauf!
Auf alle Fälle muss ich fragen,
Ob man kann eine Betriebshelferin zusagen?
Zu versorgen sind daheim alle Tage
Schulkinder, Mann und Hund, ohne Frage!
Die »Azubi« darf man nicht überlasten,
Sie braucht auch ihre Zeit zu rasten!
Und im Stall gibts genug zu tun,
Trotz mancher Technik braucht man nicht ruh'n.
Die Einsatzleitung möcht' gerne Bescheid,
Wann endlich für mich schlägt die »Urlaubszeit!«

Ich bin geduldig bis Februar geblieben,
Da wird mir aus Berlin geschrieben:
»Heilbehandlungsverfahren bewilligt heut'
Sie kommen zu den Württemberger Leut'!«
Trotz Kreuzweh ich vor Freude springe,
Auf dass es schließlich doch gelinge!
Drei Tage später frag ich bescheiden an,
Ob einen Termin ich bekommen kann?
Die Dame sagt mir frank und frei:
»Belegt bis April, frei erst ab Mai ...!«

Und nun, Ihr Leut, Ihr dürft' mir's glauben:
Das könnt einem schon die Hoffnung rauben!
Was soll ich voll Verzweiflung machen?
Ist das zum Heulen oder zum Lachen?!

So schreib ich denn mit letztem Mut:
»O bitte schön, ach seid so gut!
Gibt's nicht woanders für mich ein Zimmer?
Das ist mein letzter Hoffnungsschimmer!
Gern wär ich vier Wochen von Arbeit frei –
Wenn's irgend ging – vor 1981 im Mai!!!«

Und die Moral von der Geschicht:
Ich denke es oft voller Ängsten!
Zu lesen steht's in meinem Bericht:
Ehrlich währt immer am Längsten!
Denn hätt' ich geschrieben nur LAK,
Dann wär' ich bestimmt schon wieder da!

Zum Schluss möcht' ich mit Wort und Gedanken
Ganz herzlich allen jenen danken
Die, mir zu helfen, ihr Möglichstes taten!
Woran liegt's, dass es bisher noch nicht geraten?

Donnerstag, siebenter Februar –
Was heute geschah, ist wunderbar!
Es war doch nicht umsonst, mein Beten!
Jemand ist von der Kur zurückgetreten!
So kann ich bald reisen nach Schussenried
Und hoff' auf Erholung voll Ruhe und Fried'!

Ein Blumenstrauß

Der Mai mit seiner aufbrechenden Blütenpracht auf Wiesen, in Gärten, in Wald und Flur, drängt in vielen Farben und Formen direkt danach, sich mit Blumen zu beschäftigen, mit einem Blumenstrauß! Aus überquellenden Frühlingsgefühlen heraus sind unzählige Blumengedichte entstanden und wurden in unterschiedlichsten Gebinden und Sträußen verwirklicht.

Beim Gedanken an rote Rosen fallen mir automatisch verschiedene Filmszenen ein, wo der Ehemann mit schlechtem Gewissen, (warum auch immer) seiner Frau, den als Besänftigung gedachten Riesenstrauß überreicht und sie die Blumen umgehend, ohne sie eines Blickes zu würdigen, im Abfallkorb entsorgt. Wobei die Blumen hier die wirklich Unschuldigen sind!

Der Blumenstrauß hat in jeder Art, Größe, Zusammensetzung und Preisklasse seine Berechtigung, ob als Gast- oder Versöhnungsgeschenk, beim Krankenbesuch oder einfach nur so als spontane Liebes- oder Freundschaftsbezeugung. Anlässe gibt es genug, der Phantasie sind keine Grenzen gesetzt.

Zwei feststehende Daten im Jahr bescheren den Gärtnern und Blumengeschäften Hochkonjunktur: Der Valentinstag am 14. Februar und der Muttertag am zweiten Sonntag im Mai. Da wird neben vielen guten Wünschen und Dank auch oft schlechtes Gewissen in den Strauß mit eingewoben.

Ein ganz besonderer Blumenstrauß, oft auch eine Folge des Valentinstag, ist natürlich der Brautstrauß. Mit viel Liebe, Phantasie und künstlerischem Geschick zusammengestellt, ist er ein ganz wichtiger Bestandteil der Feierlichkeit, und wird manchmal getrocknet, der Nachwelt erhalten. Ab und zu wirft ihn die Braut nach der Trauung auch hinter sich und beglückt damit (vielleicht) die nächste Hochzeiterin. Heute ist auch schon der »Zweitstrauß« zum Werfen ein Thema. Das Hochzeitsdatum sollte möglichst nicht vergessen werden und könnte auch ein Impuls für weitere Blumenaufmerksamkeiten in den nächsten Jahren sein.

Bei den meisten festlichen Anlässen kirchlicher oder weltlicher Art sind viele prächtige Blumen, im Strauß oder als Girlande gebunden, unerlässlich: Der sonntägliche Altarschmuck in der Kirche, an Hochfesten wie Weihnachten, Ostern in Rom oder Fronleichnam, bei Empfängen, Staatsbesuchen oder wie beim Wiener Opernball, die kleinen Sträußlein der Debütantinnen und der überwältigende Saalschmuck.

Meine liebsten Blumensträußlein, die ich nie vergesse, bekam ich von meinen Kindern, sie waren grad zweieinhalb und eineinhalb Jahre alt. Auf Papas Anregung brachte mir jedes einen gerupften, kleinen, bunten Wiesenblumenstrauß, dass sie ihn grad mit den Händchen umfassen konnten und überreichten ihn mir freudestrahlend mit einem ganz dicken Bussi – für die liebe Mutti zum Muttertag!

Seitdem habe ich zu verschiedenen Anlässen einen Blumenstrauß überreicht bekommen. Ich liebe Blumen sehr und wenn sie draußen in ihrer natürlichen Umgebung stehen, freue ich mich am meisten: Ich habe sie zum Greifen, Anschauen und Riechen nahe, im Blumenbeet, in den Fässern vor der Haustür, in den Balkonkästen, (und habe im Haus keine Arbeit damit!) Und ein Augenschmaus ist es jedes Jahr, wenn nach dem langen Winter im Terrassenbeet die Winterlinge und Schneeglöckchen wie kleine Sträußlein aus dem Boden hervorspitzen und sich kurz darauf vor meinem Gartenzaun die Löwenzahnwiese, einem Riesenteppich gleich, vor mir ausbreitet!

Aber ich will niemandem die Freude verderben, einen kleinen oder großen Blumenstrauß zu verschenken oder zu bekommen, denn in Versen des bekannten deutschen Dichters Peter Rosegger heißt es am Ende:

Schenkt Blumen im Leben, so lang es noch geht,
nicht erst auf Gräbern, da blüh'n sie zu spät!

Literarisches Frühstück,
Mai 2019

Zu meinem Runden

Erinnerungen – weißt Du noch!

Erinnerungen haben zwei Gesichter: Eines, das freundlich auf zurückliegende Zeiten blickt, etwa auf eine zauberhafte Kindheit oder eine erfolgreiche, besonnte Vergangenheit und eines, dem man die Verbitterung oder die Angst noch ansieht, weil es mit bösen Erfahrungen oder Schuld verknüpft ist.

Vieles versinkt im Lauf der Zeit im Meer des Vergessens, aber unerwartet taucht manches als belastendes Treibgut wieder auf. Die Bereitschaft und der Wille, echte oder vermeintliche Schuldgefühle allein oder mit Hilfe von außen aufzuarbeiten, sind manchmal langwierige seelische Knochenarbeit, führen aber doch sehr oft zum erleichterten Gefühl: »Das ist nun erledigt, das kann ich jetzt endlich und endgültig hinter mir lassen!«

Mit erlittenen Beleidigungen und Demütigungen ist normalerweise leichter umzugehen. Der Rat eines klugen Mannes lautet: ***»Kränkungen und Enttäuschungen soll man verbrennen und nicht ein balsamieren!«***

Zum Glück behalten aber bei den meisten Menschen die angenehmen Erinnerungen die Oberhand und am allerschönsten ist doch das »Weißt du noch ...!« mit Mitmenschen und Vertrauten aus den unterschiedlichen Lebensabschnitten!

Beim Klassentreffen der damals nicht unproblematischen Fachschule stellten wir vergangenen Oktober nach 45 Jahren fest, dass Carl Zuckmayer recht hatte: ***»Erinnerungen sind ein goldener Rahmen, der jedes Bild freundlicher macht.«***

»Weißt du noch, damals ...«, sagen wir oft verträumt beim Durchblättern der Familienalben aus den ersten Jahren, und Marcel Proust meint dazu: ***»Gemeinsame Erinnerungen sind manchmal die besten Friedensstifter.«***

Und irgendwann kommt die Zeit, wo wir mit unseren Erinnerungen allein zurückbleiben. Das Lebensumfeld und die persönliche Situation hat sich vielleicht grundlegend gewandelt und wir hoffen dann, dass Cicero die Wahrheit sagte: ***»Das Bewusstsein eines erfüllten Lebens und die Erinnerung an viele gute Stunden sind das größte Glück auf Erden.«***

Zum Geburtstag habe ich von einer guten Freundin eine schöne Spruchkarte bekommen: ***»Gott schenkt uns Erinnerungen, damit wir Rosen im Winter haben!«***

Wenn es soweit ist, wünsche ich uns allen viele Rosen für den Winter!

Literarisches Frühstück,
November 2007

Gebet für unsere Politiker

Gott im Himmel,
du weißt, wir haben sie in ihre Ämter gewählt,
im Glauben, dass sie ihre Fähigkeiten bestmöglich einbringen und in der Hoffnung, dies zum Wohl des Volkes,
getreu dem Gesetz, dass alle Menschen, Männer und Frauen, gleich sind.
Segne sie in ihrer täglichen Arbeit, im Bemühen,
gute und vernünftige Wege für Gegenwart und Zukunft zu finden.

Lass sie friedlich zusammenarbeiten und ihre Konflikte
ohne Streit in Wort und Schrift zu lösen versuchen.
Erhalte ihr Gewissen lebendig und aktionsfähig.

Bewahre sie vor Überheblichkeit, Arroganz und Profilierungssucht
und führe sie nicht in Versuchung,
verlockende illegale Geschäfte zum eigenen Vorteil zu tätigen.
Schenke ihnen Einsicht und Weitsicht,
Bodenhaftung und Fantasie.

Erinnere sie oft an das Bibelwort:
Deine Antwort sei ja, ja oder nein, nein.
Lass sie ihre Entscheidungen in einer Sprache verkünden,
die das Volk auch ohne weitschweifige Erklärungen versteht.
Zähme den zum Rennpferd mutierten Amtsschimmel und lass ihn
wieder zum treu und zuverlässig tätigen Arbeitspferd werden.
Amen.

Gott im Himmel,
zeige uns einen gangbaren Weg aus dieser waagrechten Teilung,
damit das Staatsvolk sich nicht länger so empfindet:
»Ihr da oben und wir da unten«!
Amen.

Zusatz in unserer jetzigen Corona-Zeit

Gott im Himmel,
Erleuchte die Verantwortlichen, lass sie ihre Fehler, wenn möglich, nicht wiederholen, appelliere an ihren gesunden Menschenverstand, damit so schnell und unbürokratisch wie möglich, geimpft und somit viel Leiden und Tod verhindert werden kann. Lass sie zeitnah praxistaugliche Lösungen finden und auch umsetzen. Die Bürger sollen gerecht behandelt, aber nicht über einen Kamm geschoren werden. Auch »unsere Oberen« werden für ihr Tun und Unterlassen einmal zur Rechenschaft gezogen.

Amen.

Erfahrungen am Stadtrand

Ich bin eine Bäuerin aus der »Grün«-Landwirtschaft,
Einem derzeit sehr viel geschmähtem Stand.
Doch wenn wir nicht schafften mit ganzer Kraft
Wär's vielleicht schlechter bestellt um unser Land!
Man nennt uns »Volksschädling Nummer eins«
Und gewaltige Umweltverschmutzer.
Doch schaut sie mal an, sind sie so was Fein's
Die städtischen »Landschaftsbenutzer«?
Durch unsere Wiesen führt ein langer Weg
Beidseitig begrenzt durch dreimal Stacheldraht.
Nicht zu fassen, woher all der Dreck –
Fünf Schubkärren voll. Schon vor der ersten Mahd!
Schon in den warmen Vorfrühlingstagen
Dürfen wir nach all dem Unrat jagen:
Trinkbecher, Stofffetzen, Wein- und Bierflaschen,
Hundestecken, kaputte Schuhe, Draht und Plastiktaschen.

Der Weg ist seit längerem für Autos gesperrt,
Und das ist ganz bestimmt nicht verkehrt!
Was uns vorher blieb, das war eine Pracht:
Reste von Abendpicknick und dem Schäferstündchen bei Nacht!
Die Ferien sind für uns oft ein Schrecken!
Es fahren ja nicht alle fort ganz weit,
Sie verbringen zu Hause die freie Zeit –
Es gibt auch daheim Ferienland zu entdecken.
Sehr viele Kinder aus dem Neubaugebiet
Feld, Wald und Wiese magnetisch anzieht.
Sie kennen zuhause Balkon oder gepflegte Gärten,
Drum ist der »Wiesenspielplatz« hoch zu bewerten!
Sagen wir gar: »Ihr dürft da nicht rein!«
Gibt's großen Protest und lautes Schrei'n.

»Unverschämtheit, was soll denn das?
Das macht doch nichts! Das ist doch bloß Gras!«

Für Hunde ist es auch die wahre Wonne,
Sie kommen mit Herrchen beim Aufgang der Sonne.
»Pollychen, hol Stöckchen, such und lauf!«
Mit großen »Stöckchen« ging fast das Mähwerk schon drauf!
Die Maushäufen nehmen arg überhand,
Wohin man schaut, es ist eine Schand!
Früher saßen die Katzen in Ruhe beim Mausen.
Heut werden sie von Hunden gejagt, es ist zum Grausen.
Noch mehr Betrieb ist gar erst im Winter:
Wir haben Loipen vor dem Haus und dahinter.
Auf unserem Buckel muss man sein auf der Hut,
Drei Monate mindestens sind Ski und Rodel gut!
Von den »Loipern« sind einige besonders schlau!
Wer hätte an so was gedacht, schau, schau!
Nach dem Motto: Dem Tüchtigen Bahn frei –
Hat so mancher ein Beißzänglein dabei.
Und ohne viel Federlesens wird ganz schnell
Der Drahtzaun abgezwickt an passender Stell.
»Der wäre ja sowieso verrostet bald
Und so kommen wir wenigstens früher in den Wald!«
Ich will nicht falsch verstanden werden:
Vergönnt sei jedem sein Vergnügen auf Erden!
Nur uns bleibt halt arg viel Dreck und Schaden,
Warum wird das einfach irgendwo so gedankenlos abgeladen?
Zum Schluss eine Frage an die Menschen in der Stadt,
Wo es so viele »kluge, feine und bessere Leute« hat:
Würdet Ihr Euch nicht höchst lautstark beschweren,
Wollten andere bei Euch ihren Abfall ausleeren?

Verfasst in den 1980er-Jahren

Lebenszeiten

Kinderzeit – Kinderfreud'

»O selig, o selig, ein Kind noch zu sein«, heißt es in der Oper »Zar und Zimmermann«. Schlage ich heute die Zeitung auf, schreien mir ganz andere, grauenhafte Schlagzeilen entgegen. Was stimmt jetzt?

Unser Thema hat mich in meine eigene Kindheit zurückgeführt und ich wollte es gar nicht glauben, welch vielfältige, bunte und wirklich selige Erinnerungen an Kinderfreuden noch nach Jahrzehnten da aufzustöbern sind: Die ersten reifen Erdbeeren aus dem Garten, die mir meine Oma über den Grießbrei schnippelte, das stets gefüllte »Himbeer-Wasserl-Tasserl«, der Knödelschmarrn mit Ei drüber ..., ich schmeck's heute noch ganz genau!

Spielen hatte auch damals einen hohen Stellenwert – es gab viele Nachbarskinder, der (nicht extra ausgewiesene) Spielplatz umfasste Hof, Straße, Straßengraben, angrenzende Wiese und den nahen Bach. Bewegung gab's reichlich beim Seilhüpfen, Wettrennen, Fangerles, Verstecken und Völkerballspielen.

Das meiste Spielzeug kostete nichts oder nicht viel: Mit Stecken oder Kreide wurde das Spielfeld für Himmel und Hölle aufgezeichnet, zum Kreiseltreiben bastelten wir aus Stock und Bindfaden die Peitsche, irgend ein Ball war immer vorhanden und der Besitz an Schussern (Murmeln) konnte durch gutes Spiel und Gewinn leicht vergrößert werden.

Eine wenig benutzte Holzbohlenbrücke inmitten der Trollblumenwiese wurde je nach Bedarf zum Floß der Schiffbrüchigen oder zum umkämpften Kriegsschiff der Eroberer.

Aufregend war auch das Versteckspiel im Sommer in den »Kornmanndln«, (drei gegeneinander aufgelehnte Getreidegarben) und im Herbst das »Baazl-Klauen« vom Feld. Das waren weiße, wunderbar aromatische wässrige Rüben, ähnlich den Rettichen.

Auch allein hab ich mich nie gelangweilt. Mit vier Jahren kreierte ich aus Stoffresten mit Wolle und Stopfnadel für meine kleinen Puppen Modellkleider und bei »Drinnen-Wetter« lauschte ich begeistert der Kinderstunde im einzigen Radioprogramm. An vielen Nachmittagen wanderte mein Opa mit mir auf ausgedehnten Touren durch Wald und Feld.

In unserer Spielkameraden-Runde hatten wir alle die gleichen Voraussetzungen, wenig gekauftes Spielzeug, (in der Nachkriegszeit gab es ja nichts), dafür Phantasie und Kreativität, Raum zum Austoben und Lautstark-spielen-dürfen! Und abends beim Heimkommen, müde und schmutzig, oft mit aufgeschlagenen Knien und zerrissenem Kittel, erwartete uns eine warme Stube, Geborgenheit und ein »heile, heile Segen« für die Blessuren.

Drei unvergessliche Erlebnisse möchte ich noch kurz erzählen:

Die erste Schokolade und Banane bekam ich mit dreieinhalb Jahren von meinem ersten Freund geschenkt, einem amerikanischen Besatzungssoldaten, der unserer Wohnung gegenüber stundenweise als Wachtposten eines besetzten Gebäudes Dienst tat: Mit meinem Gesang am Küchenfenster erinnerte ich ihn immer an seine gleichaltrige Tochter zu Hause!

Plätzlebacken

Mit etwa vier Jahren nahm mich meine Mutti eines Abends mit an unseren »Badebach«. Wir waren ganz allein und hängten uns an die weit herabhängenden Zweige einer großen Weide, während wir im Wasser lagen. Da ging langsam der Vollmond auf, Grillengezirpe und Froschgequake als Abendkonzert dazu – es war wunderschön! Meine Mutti trug mich auf dem Rücken (bucklkrax) heim und dabei sangen wir: »Der Mond ist aufgegangen ...«

Seit ich in der Schule lesen und schreiben gelernt hatte, wurde dies zu meiner Leidenschaft. Aus Spaß an der Freud beschrieb ich in kurzen Aufsätzen alles Mögliche: Meine Puppe, Nachbars Hund, den Schulweg, besondere Erlebnisse ...! Für meinen Lesehunger wünschte ich mir zu Weihnachten natürlich nur Bücher, Bücher. Obwohl ich wusste, dass dies im Familienbudget nicht drin war, fand ich unterm Christbaum meine Wunschbücher – aus der Leihbücherei. Ich war überglücklich! Neue Buntstifte und ein Zeichenblock machten die Seligkeit perfekt – die Weihnachtsferien waren gerettet!

Es heißt, eine glückliche Kindheit gibt Kraft für ein ganzes Leben.

Ich kann da voll zustimmen: Ich zehre immer noch dankbar davon!

Literarisches Frühstück,
Juni 2007

Schulzeit-Erinnerungen

Zwischen meinem Schulbeginn und der heutigen Erstklässlersituation liegen Welten, nicht nur fast 70 Jahre! Ich war sehr stolz auf meinen schon mehrfach schulerprobten Schulranzen mit Felldeckel, Schiefertafel, Griffel und Schwammdose, an eine Schultüte erinnere ich mich nicht, es gab auch keine! Aber ich freute mich riesig auf die Schule!

Damals wurde streng getrennt zwischen Buben und Mädchen, Katholiken und Protestanten. Junge Lehrer waren Mangelware und die Schulraumnot ist heute unvorstellbar. In meiner dritten Grundschulklasse musste unsere geliebte Schwester Blandina zu uns 60 Schülerinnen noch zehn Mädchen aus dem zweiten Jahrgang übernehmen, da für die sonst 80 Zweitklässlerinnen kein ausreichender Unterrichtsraum zur Verfügung stand. Dass die 70-jährige Schwester am Schuljahresende nach jahrzehntelangem Schuldienst aus Erschöpfung in den Ruhestand ging, wurde vorwurfsvoll uns angelastet: »Weil ihr so eine böse Klasse wart!« Ich erinnere mich gut und gern an dieses Schuljahr und auch daran, dass es keine nennenswerten disziplinarischen Schwierigkeiten gab.

In der Fahrschulzeit zur Oberrealschule in der Nachbarstadt hatten wir, ebenfalls aus Platzmangel, Schichtunterricht, sodass wir bei der Nachmittagswoche nach Unterrichtsende um 18.45 Uhr, springen mussten, um den Heimwärtszug kurz nach 19 Uhr zu erwischen. Und damals gab es noch schneereiche Winter.

Auch die Lehrer waren sehr unterschiedlich! Uninteressierte, mehr oder weniger Gleichgültige, die ihren Stoff ohne bes. Engagement abarbeiteten; Lehrkräfte, mit leichtem Hang zu Sadismus, die Schwachstellen der Schüler sehr rasch entdeckten und sie oft genug wieder hervorkehrten. Diese Lehrer sahen einem schon an der Nasenspitze an, wenn man nicht gut vorbereitet war. Aber zum Glück waren die Lieblingslehrer, denen der Beruf Berufung war, in der Überzahl und sie sind durch ihre Geduld, ihren Einsatz und ihr fundiertes Wissen sowie ihre Gerechtigkeit und Menschlichkeit bis heute unvergessen.

Beim Schulwechsel ins Klosterinternat vor der mittleren Reife plumpste ich von meinem 1er Himmel in Deutsch unsanft auf den 3er-Hosenboden. Deutsch ist eben auch Ansichtssache, wenn es nicht um Grammatik und Rechtschreibung geht. Ich konnte mich mit der Aufsatzbenotung so weit unten nicht abfinden und schickte einen Aufsatz an meinen ehemaligen Deutschlehrer zur Stellungnahme. Die Antwort fiel der Briefkontrolle zum Opfer und das Strafgericht war dementsprechend:

»So etwas war ja noch nie da ...!«

Es waren viele Schuljahre in unterschiedlichen Richtungen: Schöne und weniger schöne. Für mich ist die gesunde Mischung von Theorie und Lebenspraxis wichtig, denn die Noten sind nicht alles!

Noch eine kleine Schulgeschichte von Dr. Weitnauer aus dem Allgäu:

In einer Dorfschule war der Besuch des Schulrats angekündigt. Der kleine Schorschi war ein lieber, eifriger Bub, aber halt nicht der allerhellste. Am Tag vor dem Schulratbesuch sagte ihm der Lehrer, dass er morgen daheim bleiben könne, denn sonst würde er womöglich die ganze Klasse blamieren. Der Schorschi ging also am nächsten Tag nicht in die Schule und trieb sich draußen vor dem Dorf herum. Da kam ein Mann auf einem Motorrad daher und kurz vor den ersten Häusern streikte das Gefährt. Schorschi kam gelaufen und fragte, ob er helfen könnte. Der Mann wusste nicht was zu tun wäre und war ziemlich verzweifelt. Schorschi besah sich das Motorrad genau und als eifriger Handlanger seines Papas, der auch ein Motorrad hatte, wusste er bald Rat und konnte den kleinen Defekt beheben. Der Mann mit dem Motorrad, der kein anderer als der Schulrat war, lobte den geschickten Schorschi sehr, dann stutzte er plötzlich und fragte ihn: »Sag einmal, du Tausendsassa, du müsstest doch eigentlich in der Schule sein?!« Der Schorschi schaute ihn treuherzig an und antwortete wahrheitsgemäß:

»Heute kommt bei uns der Schulrat und der Herr Lehrer hat gesagt, ich soll heute lieber daheimbleiben, damit ich ihn und die Klasse nicht blamiere!«

Literarisches Frühstück,
September 2016

Allgäuer Feierabend

Ein Allgäuer wohnt im schönen Allgäu an einem besonders schönen Plätzle und genießt am Fillebänkle seinen Feierabend. Er blinzelt in die untergehende Sonne und schaut zwischendurch auf die rötlich angeleuchteten Gipfel und den ruhig glitzernden See weiter unterhalb.

Nach einiger Zeit bemerkt er, dass sich Gott neben ihn gesetzt hat. Er ist so verdattert und verdutzt, dass er gar nichts denken und schon gar nichts sagen kann.

Endlich nimmt er seinen ganzen Mut zusammen und fragt zögernd: »Lieber Gott, was machst du denn hier?« Der liebe Gott schaut ihn verschwörerisch an und blinzelt ihm zu. Dann sagt er ganz ernsthaft: »Home office, mein Sohn, home office!«

(erzählt bekommen und in eigene Worte gefasst),
Literarisches Frühstück,
Mai 2022

Großeltern und Enkel

Bei meinem Lieblingsmärchenbuch sitzt auf der Titelseite die Großmutter mit Spitzenhäubchen im Ohrensessel und erzählt der andächtig lauschenden Kinderschar zu ihren Füßen. – Das war einmal!

Mittlerweile gehören die meisten von uns zur Großelterngeneration, manche haben schon Urenkel, – lange rauschende Röcke und Spitzenhäubchen sind schon lange Vergangenheit.

Das »Großeltern-werden« an sich ist aufregend, doch meist erfreulich!! Und wie sieht das Verhältnis zwischen Oma und Opa und den Enkeln heute aus? Im Normalfall sind sie gefühlsmäßig genauso herzlich verbunden wie früher, aber die Umstände haben sich gewandelt. Die Großfamilie, in der die Großeltern bei der stetig wachsenden Kinderschar »Kindsmagd« statt Babysitter waren, gibt es nicht mehr. Oft sind auch die berufsbedingten Entfernungen zwischen Jung und Alt zu groß für steten Kontakt. Bei günstigen Bedingungen, (Wohnortnähe und gutes Verhältnis zueinander) kann sich für Großeltern und Enkel ein wunderbares generationsübergreifendes Miteinander entwickeln.

Für die ältere Generation bietet sich die einmalige Gelegenheit, mit den Kindern jung zu bleiben, die Welt noch einmal mit Kinderaugen zu entdecken und vielleicht die Zeit und Ruhe und Muße, die für die eigenen Kinder damals nicht reichte, an die Enkel zu verschenken.

Das Wertvolle und Unverzichtbare an Großmüttern und Großvätern ist, dass sie – im Gegensatz zu den Eltern – (normalerweise) frei sind von einem stressigen Anspruchsdenken, das Leistungen einfordert und überhöhte Erwartungen hegt. Bei den Großeltern darf man einfach sein wie man ist, wird bejaht trotz »Ecken und Kanten«. In ihren Augen geht die Welt nicht so schnell unter. Sie haben meist Zeit und man darf sich Zeit lassen, »Gott und die Welt« zu verstehen. Sie wissen aus eigener Erfahrung, dass der Groschen schon irgendwann fällt.

Opa und Oma sind auch oft als »Geheimnisträger« und Vertrauensperson gefragt, wenn man mit einer »heißen Sache« vielleicht nicht gleich zu den Eltern gehen möchte! In manchen Situationen können angebotene, nicht aufgedrängte, Vermittlerdienste hilfreich und entschärfend sein.

Moritz mit Opa Luis

Und hat nicht schon oft der eine oder andere mildtätige und eventuell »verschwiegene« Euro der Großeltern aus einer Patsche geholfen oder zur Erfüllung eines Herzenswunschs beigetragen?! Mitunter auch zum Studium!

In umgekehrter Richtung sind die Enkel oft in der Lage und auch gerne bereit, Oma und Opa zum Beispiel im Umgang mit neuester Technik zu beraten und zu helfen – und sie sind mächtig stolz darauf!

Es gäbe noch vieles aufzuzählen in der unendlichen Geschichte zwischen Großeltern und Enkel ... Eine Erkenntnis zum Schluss:

Großmütter sind Mütter, die vom lieben Gott eine zweite Chance bekommen haben, – es gilt, sie zu nutzen! (Auch für Opas!)

Literarisches Frühstück,
Januar 2011

Jeder Tag ist ein Geschenk

Stellen Sie sich vor, Sie wären in Schwarzafrika in einem kleinen, heißen Dorf geboren, sie lebten in einer großen, kinderreichen Familie mit kargem Auskommen: die Wasserstelle eine Stunde Fußweg entfernt, die einzige Ziege krank, müssten das Getreide, das nur mager wächst, mühselig stampfen für den täglich eintönigen Brei. Stellen Sie sich vor: die Hitze, den Hunger, die Krankheiten, die Hoffnungslosigkeit ...

Dazu noch kriegerische Überfälle, Verfolgung, Verschleppung ...

Wir aber leben hier in einem modernen Mitteleuropa, in einem moderaten Klima und in (doch immer noch) privilegierten Verhältnissen!

Ist es unser Verdienst, hier und heute zu leben und nicht etwa in der sogenannten »guten alten Zeit«, die bei genauerer Betrachtung alles andere als gut war!?

Jeder Tag ist ein Geschenk!?

Ein Geschenk ist nichts Selbstverständliches, etwas, worauf ich ein verbrieftes Recht habe, das ich nachdrücklich fordern und, wenn nötig einklagen kann. Ein Geschenk ist eine Gabe, die mir ohne mein Verdienst und eigenes Zutun gegeben wird.

So kann ich jeden neuen Tag als Geschenk betrachten und annehmen.

Und jeder Tag hat seine Besonderheit und das gewisse Etwas, das nur diesem Tag gegeben ist. Das erste Vogellied nach diesem langen Winter, die ersten Frühlingsblümchen, das befreite Durchatmen nach dem Abklingen der Erkältung, ein überraschender lieber Anruf oder Besuch ...

Sicher ist nicht jeder Tag eitel Freude und Sonnenschein, das wäre ja auch gar nicht auszuhalten. Aber eine positive Grundeinstellung, verbunden mit etwas Humor, (und wenn es denn sein muss, mit Galgenhumor), kann vielen Schwierigkeiten die erste Spitze brechen oder umbiegen.

Wenn mein erster Gedanke am Morgen fröhlich den Tag begrüßt: »Hallo, da bin ich, bereit zu neuen Taten!« anstatt düster zu unken: »Was wird heute wieder passieren!?« kann schon nicht mehr alles schief gehen.

Ich muss auch nicht darauf warten, dass mir Erfreuliches von außen her zugetragen wird, ich kann lernen, alltägliche Kleinigkeiten und sogen. Selbst-

verständlichkeiten als Geschenk zu empfinden: Etwa wenn nach einem Gewitter und stundenlangem Stromausfall das Licht angeht und die Elektrogeräte wieder einsatzbereit sind. Ich freue mich über eine Arbeit, die mir gut gelungen ist, über die Mittagspause, die ich mir trotz langer Tagesliste genehmige, über einen schönen alten Film im Fernsehen, den ich zum wiederholten Mal genieße, ein gemütliches Beisammensitzen mit Freunden..

Pearl S. Buck hat recht: »Viele Menschen versäumen das kleine Glück, während sie vergeblich auf das große warten.«

Ich für mein Teil glaube, dass Gelassenheit und innere Zufriedenheit mit der eigenen Situation eine Grundlage sind, jeden Tag als Geschenk annehmen zu können. Und jeder wird beim Nachdenken und Besinnen einige Punkte finden, die ihn den neuen Tag erfreulich oder versöhnlich und somit erträglich beginnen und erleben lassen.

Wenn ich auch weiß, der morgige Tag hat ein nicht allzu tolles Programm für mich bereit, ich freu mich drauf, denn ich bin jetzt im »Unruhestand«, kann mir meine Zeit einteilen und muss nicht mehr zu nachtschlafender Zeit zur Stallarbeit aufstehen. Seit einigen Jahren ist das für mich jeden Tag ein neues Geschenk!

Literarisches Frühstück,
Mai 2010

Betrachtungsweise

Eine reife Dame in den besten Jahren, sehr gut erhalten
Blickt gern in den Spiegel, findet wenig Falten.
»Wenn ich so meinen ganzen Jahrgang durchgehe,
Bin ich sehr zufrieden, was ich hier sehe!«
Bald darauf fesselt eine Zeitungsnotiz ihren Blick
Und sofort gehen die Gedanken in die Schulzeit zurück.
»Prof. Dr. Klaus Oberberger spricht demnächst über Biochemie.«
Nicht das Thema, nein, der Name fesselt sie.
»Ein Klaus Oberberger war in Augsburg mit mir in der Klasse,
War ein toller umschwärmter Typ, der hatte Rasse!
Da geh ich hin, wie sieht der heute aus, den schau ich mir an!
Schnell Termin notieren, sonst denk ich wieder nicht dran!«

Am besagten Tag macht sie sich rundherum schön –
Schließlich will sie ja vor prüfenden Blicken besteh'n!
Ganz Dame, sitzt sie im Vortragssaal ziemlich weit vorn,
Sie will auch was für die Augen, nicht nur für Hirn und die Ohr'n.
Der Herr Professor tritt ans Pult – das darf doch nicht sein:
Ein sehr älterer Mann mit Bauch, Glatze, Falten – nein oh nein!
Die Tränensäcke hinter der Brille machen ihn nicht jünger,
Verheiratet ist er auch, das bezeugt der Ring am Finger.
Dem Vortrag lauscht sie, enttäuscht, aber doch interessiert,
Sehr gespannt auf das, was eventuell nachher passiert.

Ihr schwirrt der Kopf, worum ist es eigentlich gegangen?
Sehr viel Weisheit hat sie sich heut nicht eingefangen.
Egal, sie will ja etwas ganz anderes wissen,
Und drum wird sie ihn noch schnell erwischen müssen:
»Herr Professor, auf ein Wort, darf ich Sie etwas fragen?«
Sie stellt sich vor und spricht von vergangenen Schultagen.
»Besuchten Sie 1960 das Augsburger Gymnasium, Oberrealschule genannt,
Dann waren Sie in meiner Klasse, ich hätte Sie fast nicht mehr erkannt.«
Der Herr Prof. nickt freundlich, nachdem er sie genau gesichtet:

»Und welches Fach haben Sie damals unterrichtet???«

Literarisches Frühstück,
September 2010

Flotte Rentner

Die Lebenserwartung heute ist so hoch wie nie zuvor und der 100. Geburtstag ist auch keine Seltenheit mehr. Da bleibt nach dem Eintritt in den Ruhestand mit normalerweise 65 Jahren noch viel Zeit übrig, die es sinnvoll zu planen gilt. Die frischgebackenen Ruheständler, die bereits im Arbeitsleben das eine oder andere Hobby erwählt haben und ev. schon betreiben, sind klar im Vorteil.

Vielleicht ist der Partner / die Partnerin mit von der Partie, dann bedeutet es doppeltes Vergnügen. Aber auch jeder für sich oder im Freundeskreis kann mit der eigenen Passion viel Lebensqualität gewinnen.

80 ist das neue 60! Hab ich kürzlich im Radio gehört und ein großer Teil der Rentner ist ja noch sehr fit! Und drum meinen sehr viele:

»Ruhestand? Nicht mit mir! Ich habe immer gern gearbeitet, warum soll ich jetzt aufhören?« Deshalb bleiben auch viele Menschen weiter im Job oder sind anderweitig berufstätig (13 % der 70- bis 74-Jährigen), 97 % haben Spaß an der Arbeit, viele arbeiten auch aus finanziellen Gründen, sind als Fachkräfte begehrt und als »Graues Gold« geschätzt.

Für die »Ruhebedürftigen« gibt es unendlich viele Möglichkeiten, sich lang gehegte Träume für die freie Zeit zu erfüllen.

Aktivsport in sämtliche Richtungen, Reisen, vielerlei geistige Interessen, ev. ein lang ersehntes eigenes Haustier, soziales Engagement, (wobei sich manches zwangsläufig im Familienleben abspielt – häusliche Pflege, Enkelbetreuung ...).

Manche Alleinstehende gehen, unabhängig vom Alter, noch einmal auf Partnersuche und können mit Glück dann gemeinsam eine erfüllte, lebensfrohe Zeit genießen und ihre gesundheitlichen und finanziellen Möglichkeiten ausschöpfen.

In der Allgäuer Zeitung fand ich vor kurzem folgende Anzeige:

Naturbursche, fröhl., sportl., topfit, schlank, 1,70 m, finanz. abgesichert, Campingbus, Rad, Kajak, Biergarten, reiselustig, liebe Gemütlichkeit, lebe im Oberallgäu, 82 Jahre jung. Zuschriften unter ... an die AZ.

Na dann, auf geht's!

Aushang

Ich bin der Meinung, man sollte positiv denken, jeden Tag dankbar erleben im Bewusstsein, »was ich noch alles selber tun kann!« Und wenn die Kräfte langsam nachlassen, das »beginnende Alter« akzeptieren, ohne gleich zu resignieren: »Ich bin ja noch da!« Übrigens zähle ich unsere Literatengruppe mit dem kürzlich errechneten Durchschnittsalter von 81 Jahren ganz sicher auch zu den »flotten Rentnern!«

Selbst im fortgeschrittenen Alter sollte man noch ein paar Pläne haben, auch wenn sich nicht mehr alle verwirklichen lassen, so hatte man doch Freude beim fantasievollen Ausdenken!

Ich freu mich trotz der diversen Wehwehchen dankbar über jeden Tag und der Schluss meines Nachtgebetes lautet:

Lieber Gott, ich bin bereit, aber bitte lass dir Zeit!

Literarisches Frühstück,
September 2023

»Ein guter Jahrgang«

»Ein guter Jahrgang« ist gemeint als Kompliment,
wie man es normalerweise dem Wein zuerkennt.
»Ein guter Jahrgang«, das steht für dt. Wein 2011 schon fest
Wie es sich bereits seit der Lese feststellen lässt!

»Ein guter Jahrgang« waren heuer in Venedig die 68. Filmfestspiele,
Dann drücken demnächst wieder viele Besucher die Kinostühle!
»Ein guter Jahrgang« war 2009 auch für die deutsche Kinowirtschaft
Die Branche erwies sich als sehr erfolgreich und meisterhaft.

Unsere 41er-Runde ist bis heute ein guter Jahrgang:
Na ja, unser Start war auch noch am Kriegsanfang.
Für uns heutige »70er« war gutes Material im Angebot,
Wir profitieren davon noch heute, Dank sei Gott!
Mehr oder weniger sind alle gebeutelt worden in den Jahren.
Dankbar schauen wir zurück auf Glück und überstandene Gefahren.

In unserem 70er-Kreis sind wir ja wirklich nicht allein,
Etliche Promis aus der großen Welt reihen sich da auch mit ein:
Paul Anka, Senta Berger, Bob Dylan, Markus Lüpertz, Walter Mixa,
Fritz Wepper und nicht zu vergessen – Stoibers Edmund –
Für die meisten von denen läuft's auch noch immer rund!

Auch aus unserer »Frühstücksrunde« sind heuer drei mit 70 dabei,
Wir fühlen uns noch jung, aktiv und sagen das auch frei!
Und ganz egal, welchen Geburtstag man jährlich verkündet,
Ich wünsche jedem, dass er sich als guter Jahrgang empfindet!!!

Literarisches Frühstück,
Oktober 2011

Bestandsaufnahme im Alter

Alt werden wollen alle, keiner will es wirklich sein,
Alt werden doch nur die anderen, jung bleibe **ich** allein!
Überreich ist jeder von uns an gesammelten Erfahrungsschätzen,
Drum lassen wir uns auch nicht mehr stressen und hetzen.

Vielerlei sonst wurden wir unterschiedlich angereichert:
Neuestes Know-how und Technik sind in uns gespeichert,
Zwei Knie, eine Hüfte, auch Implantate im Mund,
All dies hilft zum besseren Leben und erhält uns gesund.

Drum ist's wichtig, dass man diese Werte auch schützt,
Deshalb bleib ich im Haus, wenn's draußen donnert und blitzt.
Solche technischen Hilfsmittel sind im Einsatz wunderbar –
Aber meine **eigentlichen inneren** Werte sind unbezahlbar!